旅游大类

新编21世纪高等职业教育精品教材

红色研学课程设计

主　编◎乔海燕　胡晓琴　翟向坤
副主编◎张建英　王显成　徐　雁
参　编◎许雯君　毕家萍

HONGSE YANXUE
KECHENG SHEJI

中国人民大学出版社
·北京·

图书在版编目（CIP）数据

红色研学课程设计/乔海燕，胡晓琴，翟向坤主编.
北京：中国人民大学出版社，2025.9.--（新编21世纪
高等职业教育精品教材）.--ISBN 978-7-300-34106-4
Ⅰ.G631.3；G632.429
中国国家版本馆CIP数据核字第2025LS3166号

新编21世纪高等职业教育精品教材·旅游大类
红色研学课程设计
主　编　乔海燕　胡晓琴　翟向坤
副主编　张建英　王显成　徐　雁
参　编　许雯君　毕家萍
Hongse Yanxue Kecheng Sheji

出版发行	中国人民大学出版社		
社　　址	北京中关村大街31号	**邮政编码**	100080
电　　话	010－62511242（总编室）		010－62511770（质管部）
	010－82501766（邮购部）		010－62514148（门市部）
	010－62511173（发行公司）		010－62515275（盗版举报）
网　　址	http://www.crup.com.cn		
经　　销	新华书店		
印　　刷	北京宏伟双华印刷有限公司		
开　　本	787 mm×1092 mm　1/16	**版　　次**	2025年9月第1版
印　　张	9.75	**印　　次**	2025年9月第1次印刷
字　　数	163 000	**定　　价**	39.00元

前言

红色文化是中国革命历史中的重要组成部分，具有深刻的历史意义和现实价值。党的二十大报告提出，要“以社会主义核心价值观为引领，发展社会主义先进文化，弘扬革命文化，传承中华优秀传统文化，满足人民日益增长的精神文化需求，巩固全党全国各族人民团结奋斗的共同思想基础，不断提升国家文化软实力和中华文化影响力”。

随着社会的高质量发展，人们对文化的需求越来越高。研学实践是一种以实践为主导的学习方式，能够帮助学生更好地掌握知识和技能，提高综合素质和实践能力。在红色文化视域下开展研学实践，不仅可以帮助学生了解中国革命历史和红色文化的内涵与价值，还可以培养学生的爱国情怀和社会责任感。

本教材结合当前红色研学行业发展的实际情况，以红色文化和旅游资源为素材进行红色研学旅行的课程开发，包括红色研学课程认知、红色人文遗址遗迹课程设计、红色建筑与设施课程设计、红色文化纪念品课程设计、红色人文活动课程设计五个模块。本教材的主要特点体现在以下三个方面：

第一，理念先进，充分体现红色文化和旅游资源的挖掘开发。本教材的编写充分考虑到各地的红色文化和旅游资源普查的成果，将红色人文遗址遗迹、红色建筑与设施、红色文化纪念品、红色人文活动等优势资源作为教学案例，让学生在对红色文化和旅游资源进行深入解读的基础上，感受红色文化的深厚底蕴，帮助学生对红色研学课程开发的资源形成较为系统的认知，从而起到弘扬红色文化精神、传承革命传统的教育目的。

第二，理实结合，配备丰富的线上教学资源。本教材根据职业院校学生的学习特点创新教材形态，强化理论与实际的结合，配套一体化的在线教学资源，包含微课视频、教学 PPT、教学案例、教学图片、赏析视频等（教学资源动态更新），可通过扫描教材中的二维码进行在线学习，在提升学生学习兴趣的同时，也为其提供更多自主学习的空间。

第三，产教融合，充分体现教材实践性。教材内容穿插大量龙头企业红色研学的实际案例与典型经验，充分体现了教材的实践性和可操作性，学习性和趣味性较强，并为学习者链接了红色研学的发展历史、社会特点、政策动态等相关讯息，可以满足不同层次学习者的学习需求。教材的编写充分考虑了不同年龄段学生的认知特点和学习能力，采用生动有趣的语言和形式，让学生轻松愉悦地学习。每个任务都由编写教师精心设计，结合实际情况和学生的需求，力求达到最好的教学效果和学习效果。

本教材既可作为高等职业院校、高等专科学校、应用型本科院校和成人高等教育研学类、旅游类专业的教学用书，也可供相关从业人士作为业务参考用书及培训用书。

本教材由嘉兴职业技术学院乔海燕老师、中国劳动关系学院翟向坤老师牵头，制定大纲体例并负责统稿。编写团队各成员分工合作如下：模块一“红色研学课程认知”由乔海燕、胡晓琴负责；模块二“红色人文遗址遗迹课程设计”由张建英、翟向坤负责；模块三“红色建筑与设施课程设计”由王显成、许雯君负责；模块四“红色文化纪念品课程设计”由胡晓琴、毕家萍负责；模块五“红色人文活动课程设计”由乔海燕、张建英负责。浙江南湖文旅集团徐雁女士和嘉兴翠明假日旅行社孙高瑛女士为本教材提供了案例资源和图片资源，在此深表谢意。正是全体编写人员的共同努力以及诸多教师和专业人士的支持，本教材才得以顺利出版。

编者

目录

模块一

红色研学课程认知

学习目标

知识目标

1. 了解红色旅游的概念、红色旅游的价值、红色旅游资源的分类。
2. 熟悉研学旅行的起源与发展、研学旅行的相关概念、研学旅行产业生态圈。
3. 掌握研学旅行课程设计的内涵、研学旅行课程设计的要素与环节、研学旅行课程设计的策略。

技能目标

1. 能够识别研学旅行课程设计的关键要素与核心环节，并熟练应用于实际课程设计中。
2. 能够独立完成红色旅游资源的调研与评估以及研学旅行课程的设计与实施。
3. 能够对红色旅游资源进行准确分类，并对不同类型的红色旅游资源进行有效分析。

素养目标

1. 深入理解红色旅游的概念，认识到红色旅游在传承红色文化、弘扬爱国主义精神中的重要价值。
2. 培养对红色旅游的兴趣，提高在旅游活动中传承红色文化的自觉性和能力。

模块重点

1. 红色旅游的内涵及分类。
2. 研学课程的设计要素与环节。

思维导图

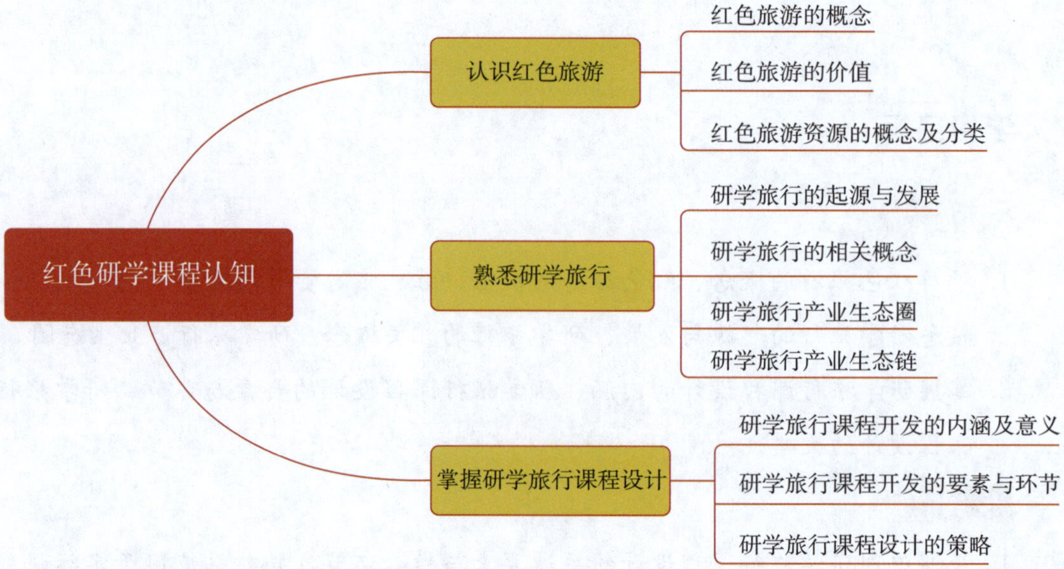

案例引入

红色研学规模持续扩大　讲好故事更需合力

来自某省的游客王女士，利用周末带着上小学的孩子参加了一次红色研学旅行。“这种形式非常好，通过互动式的活动设置，让孩子在潜移默化中感悟历史，磨炼品质。”行程结束之后，王女士说。

如今，带孩子报团接受红色教育的家庭不在少数，红色研学市场蓬勃发展，受众群体不断扩大。同时，企业等从多层次多角度积极参与，为红色研学发展注入了活力。

接到记者采访电话时，北京青年国际研学旅行有限公司副总裁李林森正在去外省考察研学基地的路上。今年春节以来，他们公司已经接到了很多关于研学旅行的咨询，而其中红色研学占比很大。“我们主做学生研学市场，以我们公司为例，这部分的需求还是非常旺盛的，从春节到现在我们接到的咨询和订单主要分为两类，一类是名校研学，另一类就是红色研学。”李林森告诉记者。

在河南省林州市红旗渠精神营地总经理栗攀看来，红色研学在我国已初步形成规模化发展态势，成为在校学生的必然需求。“未来3～5年内研学的学校渗透率将迅速提升，红色研学作为研学产品中的重要内容，是传承红色精神的有效途径，具有特殊的教育意义，在培养学生的思想政治素养以及传承红色基因方面有不可替代的作用。”栗攀认为。

“2020年，我们开始研发以成年人为主的红色研学产品，比如公司团建，没想到效果不错。2020年、2021年两年每年的接待人数都在1万人次左右。”宁夏教育振兴旅行社有限公司总经理杜燕告诉记者。

“近年来，我们明显感觉到红色研学的受众群体正在持续扩大，从我们的客户群体来看，有中小学生，也有企事业单位，还有老年群体。尤其是近两年来，很多家长会和孩子一起参加红色研学课程，在他们看来，红色文化中包含了很多优秀的传统，对家长和孩子来说是很好的锻炼和受教育机会。”贵州青旅研学教育总经理刘琴说。

“红色旅游作为国家重大政治工程、文化工程、富民工程和民心工程，当下有为，未来可期。市场也证明了这一点。”中国旅行社协会副会长兼秘书长孙桂珍分析，“读万卷书，行万里路。红色研学一头连着旅游，一头连着教育，更受家长、学校的喜爱。”

在张家界天马国际旅行社有限公司研学板块负责人金涛看来，红色研学市场有着巨大的消费需求。“党的二十大报告提出，用好红色资源，深入开展社会主义核心价值观宣传教育，深化爱国主义、集体主义、社会主义教育，着力培养担当民族复兴大任的时代新人，为新时代红色旅游发展指明了方向。而作为红色旅游市场重要组成部分的红色研学，也肯定会迎来更好的发展。”

资料来源：张宇. 红色研学规模持续扩大 讲好故事更需合力. 中国旅游报，2023-03-13。

【想一想】

红色研学的价值体现的是什么？如何做好红色研学旅行课程的开发？

任务一 认识红色旅游

一、红色旅游的概念

红色旅游的概念随着红色旅游的不断发展在不断丰富和完善。我国最早在1998年的学术刊物和具体实践中出现了红色旅游这一概念，而国家层级对红色旅游的推动则是在中共中央办公厅、国务院办公厅于2004年印发的《2004—2010年全国红色旅游发展规划纲要》（即一期纲要）之后。自此，红色旅游作为一类独特的专题旅游产品正式问世，并步入了快速发展的阶段，取得了显著的成果，受到了市场、学术界等各方的广泛关注。

在新的时代背景之下界定红色旅游概念，探究其根本内涵，既是在事物动态发展中把握其本质的基础理论研究的需要，也是明确红色旅游产品的构建指向，促进我国红色旅游科学、健康发展的需要。从2004年发布一期纲要至今，国家连续发布了三期红色旅游发展规划纲要，分别为二期纲要（2011—2015年）、三期纲要（2016—2020年）。一期纲要中对红色旅游作出了明确的定义。

（一）一期纲要期（2004—2010年）

该时期以发布一期纲要为阶段标志。一期纲要的发布标志着红色旅游在我国全面推广。一期纲要对红色旅游进行了定义，并从内容体系角度对红色旅游进行了全面概述，即“以中国共产党领导人民在革命和战争时期建树丰功伟绩所形成的纪念地、标志物为载体，以其所承载的革命历史、革命事迹和革命精神为内涵，组织接待旅游者开展缅怀学习、参观游览的主题性旅游活动”。在这个时期，红色旅游主题内容的时间与空间跨度涵盖自 1921 年中国共产党成立至 1949 年中华人民共和国成立。

（二）时空扩展期（2011—2015 年）

在红色旅游发展的丰硕成果和经验的基础上，这一时期主要是从文化内涵角度进一步发掘红色旅游的价值，并从产业融合方向推进其发展。这个阶段注重提升红色旅游的开发建设水平，以实现时间和空间上的双扩展，为红色旅游的时空拓展期。此阶段发布的二期纲要继续强调红色旅游的社会效益，并指出它是一个涉及政治、社会和经济等多重价值的综合工程。与一期纲要相比，二期纲要的内容体系有所变化，特别提出了将 1840 年以来中国大地上发生的以爱国主义和革命传统精神为主题、有代表性的重大事件和重要人物的历史文化遗存纳入红色旅游发展范围。这一变化不仅为红色旅游注入了新的内涵，而且突出了其普遍性含义——国家富强、民族振兴、人民幸福。

（三）价值提升期（2016 年至今）

这一时期以三期纲要的发布为阶段标志，红色旅游的内涵得到进一步强化和提升。该阶段总结和升华了 2004 年以来红色旅游的发展成果与经验，明确了红色旅游的核心内容是中国共产党披荆斩棘的历程、历史遗存以及伟大的爱国和革命精神。红色旅游的根本目的是传承中国共产党的优良作风，引领全国人民坚定地跟党走。同时，红色旅游的功能聚焦于教育和脱贫，衡量其发展水平的核心指标是红色教育功能的发挥。此外，从国际友谊角度深挖红色旅游内涵，增强与其他国家的红色文化交流，是三期纲要的一大亮点。这不仅提升了红色旅游的功能价值，还增强了在热爱祖国、反抗侵略、争取民族独立与人民幸福等精神层面的国际性共识，扩大了红色旅游的国际影响力。这对于我国的国际政治、经济、外交战略的制定和执行具有深远的影响和意义。

依据前述红色旅游的表述，狭义上的红色旅游是指自第一次鸦片战争（1840 年）以来，中国人民反抗帝国主义和封建主义的斗争，以及在中国共产党的领导下实现民族独立和国家解放的过程。此外，还包括在社会主义建设和改革开放中取得的成就，这些成就所形成的纪念地和标志物承载着革命精神、爱国情怀以及丰富的历史文化和人格魅力。通过这种专题旅游活动，游客可以了解到党史、党风、爱国主义、革命传统和社会主义核心价值观等。

微课

红色旅游的概念

广义上的红色旅游则是指游客参观以共产主义运动为主，包括革命运动、独立运动、反侵略反压迫运动以及国家复兴运动等的所在地，体验这些运动所形成的纪念地和标志物。在游览过程中，游客不仅可以欣赏到当地的人文和自然景观，还可以感受共产主义精神，以及参与热爱祖国、争取民族独立和人民幸福、追求和平与自由等人类共识的主题型文化旅游活动。

二、红色旅游的价值

党的二十大报告指出，“弘扬以伟大建党精神为源头的中国共产党人精神谱系，用好红色资源，深入开展社会主义核心价值观宣传教育，深化爱国主义、集体主义、社会主义教育，着力培养担当民族复兴大任的时代新人。”红色旅游已成为实施“时代新人铸魂工程”，教育引导广大青少年厚植爱党、爱国、爱社会主义情感的重要方式，成为开展爱国主义教育和革命传统教育的生动课堂，成为展示中国革命、建设、改革、新时代伟大成就的有效方式，成为培育和践行社会主义核心价值观的重要举措。

红色旅游是一种极具中国特色的旅游形式和旅游产品，是中国特有的红色文化事业与旅游产业创新融合的结果，具有非常重要的政治意义、经济意义、社会意义、文化意义和生态意义。

红色旅游不仅是一种学习和缅怀的参观游览活动或事件，还具有放松身心、丰富人生阅历的重要作用。大部分学者认为红色旅游是传统政治教育模式向市场经营模式成功转型的成果。

（一）思想政治教育价值

红色旅游具有思想政治教育的重要价值，主要体现在政治导向和品德塑造等方面。首先，红色旅游具有坚定政治信仰和拥护党的领导等政治导向价值。在中国社会的发展中，共产主义政治信仰的树立和社会主义制度的维护是至关重要的。通过红色旅游，人们可以深入了解革命历史和革命精神，从而树立起共产主义的政治信仰。这有助于坚定人们对中国特色社会主义政治制度的信念，并自觉用崇高的政治信仰指引人生方向。因此，红色旅游的政治导向价值首先表现为坚定政治信仰，增强实现中华民族伟大复兴的精神力量。

其次，红色旅游具有品德塑造的价值。红色旅游通过社会教育的方式，对人们的思想、行为、情感等多方面产生潜移默化的影响。红色历史资源中的红色精神和文化对人们的思想道德素质有提升作用，能够增强人们的践行能力。红色旅游与思想政治教育紧密相连，其品德塑造价值主要表现在提升思想道德素质和道德激励两个方面。

知识链接

《用好红色资源 培育时代新人 红色旅游助推铸魂育人行动计划（2023—2025年）》

通过红色旅游的品德塑造价值，人们可以更好地了解历史、认识国情，树立正确的世界观、人生观和价值观，提高道德修养和综合素质。因此，红色旅游在思想政治教育方面具有重要的价值和作用。

（二）文化传承价值

文化是一个国家、一个民族的灵魂。文化兴国运兴，文化强民族强。没有高度的文化自信，没有文化的繁荣兴盛，就没有中华民族伟大复兴。国家和民族先进文化是其文明结晶和精神财富，国家对红色旅游的大力支持及对红色资源的充分利用，体现了对红色精神的崇敬和对红色教育的高度重视。红色旅游在传承与弘扬中华优秀传统文化、革命精神以及社会主义先进文化方面扮演着重要角色。发展红色旅游，可以使广大群众深入了解革命文化的精髓，深切感悟革命精神的内涵，并有助于树立社会主义核心价值观，传播社会主流文化、改造落后文化、抵制腐朽文化，用优秀文化、先进文化把握文化前行的方向。红色旅游是推动社会主义先进文化繁荣发展、建设中华民族共有精神家园的一项文化工程，其以红色历史资源为依托，展现了中国独有的精神文化，承载着特殊的文化内涵和精神价值取向，是一本生动的文化教材，具有文化传承价值。

红色旅游（图片来源：浙江南湖文化旅游集团有限公司）

（三）经济发展价值

红色旅游作为一种新型的旅游形态，其发展对于地方经济的推动作用日益显现。通过吸引更多的游客，红色旅游可有效增加地方旅游收入，助力区域经济的繁荣发展。此外，红色旅游也是巩固拓展脱贫攻坚成果和全面推进乡村振兴的重要手段，对于促进农村经济发展具有积极意义。一些地区已充分利用当地的红色文化资源，积极发展红色旅游产业，并通过与乡村旅游、生态旅游等业态的融合，进一步夯实了乡村振兴的基础。这种模式既搞活了农村经济，也为乡村的全面振兴注入了新的活力。具体来说，红色旅游的经济价值表现在以下几个方面。

首先，红色旅游的发展可有效带动相关产业的发展。通过刺激旅游消费市场，满足旅游者的精神需求，红色旅游可促进交通、农业、食品、商贸等相关产业的协同发展。

其次，红色旅游的发展有助于促进产业结构的优化。通过开发和推广红色旅游项目，可以带动老区产业结构调整和优化，使当地产业结构更加合理，增强区域经济的竞争力。

再次，红色旅游的发展能够为社会创造更多的就业机会。旅游业的发展需要大量的管理人员和服务人员，红色旅游的发展可为当地居民提供更多的就业机会，提高当地居民的就业率和收入水平。

微课

红色旅游的价值

最后，红色旅游的发展可推动区域经济的持续发展。通过发展红色旅游，可以充分利用当地的自然和文化资源，吸引更多的游客前来观光和消费，进而推动区域经济的快速发展。

三、红色旅游资源的概念及分类

（一）红色旅游资源的概念

红色旅游资源是指在近现代革命与建设历史上，能对红色旅游者产生吸引力，可以被红色旅游业开发利用，并可以产生经济效益、社会效益和环境效益的各种事物和因素。这些资源主要分布在各个革命老区和红军长征路线沿途，如井冈山、延安、西柏坡等。这些地方见证了中国共产党和人民军队的英勇斗争，承载着宝贵的历史记忆和深厚的革命传统。

红色旅游资源不仅是一种重要的精神财富，也是推动文化旅游发展的重要动力。通过组织游客参观革命纪念地、了解革命历史和事迹，能够让游客在旅游过程中接受革命传统教育，缅怀革命先烈，激发爱国热情，同时也能够丰富游客的文化体验，增加其阅历和见识。

动画

红色旅游资源的类型

（二）红色旅游资源的分类

微课

红色旅游资源的分类

红色旅游是在国家政策的大力扶持下发展起来的主题性旅游活动。现行的国家标准《旅游资源分类、调查与评价》（GB/T 18972—2017）并未对红色旅游资源进行分类。依据该国家标准，本书对红色旅游资源进行了分类。红色旅游资源依据红色旅游资源的性状，即现存状况、形态、特性、特征来划分。基于这一分类原则，本书将红色旅游资源划分为 4 个主类、8 个亚类、32 个基本类型。其中主类和亚类为“构造层”，基本类型为“实体层”。构造层是红色旅游资源的框架支撑，实体层是分类、调查、评价的实际对象，具体见表 1 - 1。

表 1-1　红色旅游资源基本类型释义

主类	亚类	代码	基本类型	简要说明
A 红色人文遗址遗迹	AA 红色物质类文化遗存	AAA	红色建筑遗存	具有红色主题且有地方风格和历史色彩的历史建筑遗存，包括：具有红色历史影响的人物的住所或为历史著名事件而保留的建筑物。
		AAB	红色可移动文物	近代红色主题的重要武器、纪念章、纪念币、艺术品、文献、手稿、图书资料、代表性实物等，可分为珍贵红色文物和一般红色文物。
	AB 红色非物质类文化遗存	ABA	红色民间文学艺术	民间对红色主题或现代社会主义生活进行形象地概括而创作的文学艺术作品。
		ABB	红色地方习俗	各地在革命时期形成的风尚、礼节、习惯及禁忌等。
		ABC	红色服饰装饰	具有红色主题特色的服装、衣饰等。
		ABD	红色主题演艺	民间各种红色主题的表演方式。
		ABE	红色传统医药	各地传统留存的红色主题医药制品和治疗方式。
		ABF	红色体育赛事	当地定期举行的红色主题体育比赛活动。
		ABG	红色餐饮文化	表现红色文化主题的菜品、小吃和饮品等。
B 红色建筑与设施	BA 人文景观综合体	BAA	红色军事遗址或战场	曾经用于红色战事的场所、建筑物和设施遗存，包括驻军地、活动地（点）（如洞穴、岛屿等）。
		BAB	红色教学科研实验场所	各类与红色主题有关的学校、教育与科研单位，开展科学研究的机构和从事工程技术实验场所的观光、研究、实习的地方。
		BAC	红色建设工程与生产地	具有红色精神传承与示范的经济开发工程和实体单位，如工厂、矿区、农田、牧场、林场、茶园、养殖场、加工企业以及各类生产部门的生产区域和生产线。
		BAD	红色纪念地与活动场所	是进行红色祭奠、聚会、纪念、演艺、展览、精神传承的场所。
		BAE	红色交通运输场站	曾用于或正运行的红色主题的运输通行地面场站等。

续表

主类	亚类	代码	基本类型	简要说明
B 红色建筑与设施	BB 红色实用建筑和核心设施	BBA	红色街巷	能反映某一红色时代的建筑风貌，或是经营红色商品和商业服务的街道，或是以红色文化为主题打造的特色街区。
		BBB	红色主题屋舍	具有红色主题和观赏游览功能的房屋，独立厅、室、馆等。
		BBC	红色店铺	专门提供红色文化纪念品的场所。
		BBD	红色碑碣（林）、陵园	为纪事颂德红色事件、人物而筑的刻石、墓（群）等。
		BBE	红色桥梁	为跨越河流、山谷、障碍物或其他交通线而修建、有红色活动痕迹的架空通道。
		BBF	红色港口、渡口与码头	位于江、河、湖、海沿岸，进行具有红色活动背景的航运、过渡、商贸、渔业活动的地方。
		BBG	红色栈道	与红色活动相关的，在悬崖绝壁上凿孔架木而成的窄路。
	BC 红色景观和红色建筑小品	BCA	红色主题形象建筑	能反映红色主题形象的标志物。
		BCB	红色建筑小品	具有红色文化并用以纪念、装饰、美化环境和配置主体建筑物的独立建筑物，如雕塑、牌坊、戏台、台、阙、廊、亭、榭、表、舫、影壁、经幢、喷泉、假山与堆石等。
		BCC	红色字画	在红色文化背景下，在山崖、墙壁等上镌刻的文字及绘制的图画。
		BCD	红色景观步道、通道	具有红色主题且用于观光游览行走而形成的小路。
		BCE	红色提水设施与水井	曾专供红色活动使用的提取引水设施和水井。
C 红色文化纪念品	CA 红色文化纪念品	CAA	红色文化主题工艺品	表现红色文化主题的书画、陶瓷、金石雕刻、雕塑、纸艺及灯艺、服饰和家具等手工艺品。
		CAB	红色文化主题出版物	表现红色文化主题的书籍、图册和音像制品等。

续表

主类	亚类	代码	基本类型	简要说明
D 红色 人文活动	DA 人事记录	DAA	红色人物	不同年代出现过的红色人物。
		DAB	红色事件	不同年代发生过的红色事件。
	DB 时令节庆	DBA	红色旅游节	定期和不定期的举办红色旅游活动的节日。
		DBB	红色文化节	定期和不定期的举办红色展览、会议、演艺活动的节日。

（三）红色旅游资源的分类对研学的作用

红色旅游资源的分类对于红色研学的发展具有重要意义。它可以提升研学教育的系统化、专业化和实效性，丰富研学产品的种类和形式，促进红色文化的传承与创新，从而推动红色研学事业的蓬勃发展，主要体现在以下几个方面。

1. 系统化与专业化

通过对红色旅游资源进行分类，可以更加系统地整合和规划研学产品，形成专业化的研学线路和课程。这有助于提升研学教育的质量和效果，使其更符合学生的需求和教育目标。

2. 针对性与实效性

依据红色旅游资源的分类，可以按照不同的主题和特色设计具有针对性的研学项目。这样可以更好地满足学生的兴趣和需求，提高研学的实效性。同时，针对不同年龄阶段的学生，也可以设计出更符合其认知特点和发展规律的研学产品。

3. 多样化与丰富性

依据红色旅游资源的分类，可以丰富研学产品的种类和形式。这不仅可以满足不同学生的需求，还可以促进学生的全面发展。同时，多样化的研学产品也可以吸引更多的学生参与，推动红色研学的发展。

4. 传承与创新

通过对红色旅游资源进行分类，可以更好地传承和弘扬红色文化，增强学生的爱国主义情感和历史文化意识。同时，在传承的基础上，也可以进行创新和发展，结合现代科技和手段，使红色研学更具时代感和吸引力。

任务二 熟悉研学旅行

一、研学旅行的起源与发展

微课

研学旅行的起源与发展

研学旅行是一种由学校组织的集体旅行方式，旨在让学生走出校园，通过亲身体验来拓宽视野、丰富知识。在研学旅行中，使学生加深对自然和文化的理解，增强对集体生活方式和社会公共道德的体验。同时，研学旅行还有助于培养学生的自理能力、创新精神和实践能力。

（一）我国研学旅行的起源和发展

1. 古代游学

早在春秋时期，孔子就带领弟子们周游列国，开启了中国的古代游学。后来，在各个时期都涌现了不少游学践行者的代表人物，如经历漫长的大范围游历和实地考察并写下《史记》的司马迁，“且放白鹿青崖间，须行即骑访名山”的李白，有着三十多年旅行生涯的徐霞客，等等。可以说，游学之风在古代文化中占据着重要的地位，它不仅促进了学术的交流和发展，也培养了人们的实践能力和创新精神。正是在这种传统游学的影响下，中国才诞生了许多伟大的文人和学者，为中华文化的传承和发展作出了不可磨灭的贡献。

2. 近代留学

近代，出现了出国求学的“海外修学旅游”，即留学。鸦片战争后，清政府被迫开放国门。19 世纪 70 年代，在“洋务运动”的影响下，首批“留美幼童”赴美学习，开启了留学热潮。近代留学潮经历了四个阶段：赴美留学、留学日本、庚款留学、留法勤工俭学。留美幼童归国后推动了“洋务运动”。甲午战争后，清政府鼓励留学日本，寻求国家振兴。庚款留学阶段，美、英、比等国与中国签订协定，输送留学生，培养了众多科学家。留法勤工俭学运动主要发生在五四运动前后，留学生在法国边工作边学习。

3. 现代修学

现代修学旅行的践行者代表当属陶行知先生。陶行知积极组织修学旅行，他还通过各种方式来推广这种教育理念，包括指导他的学生新安小学校长汪达之，将新安小学的7名学生组成“新安儿童旅行团”，赴上海等地修学旅行。在旅途中，学生们通过唱歌、劳动、卖书卖报、爱国演讲等方式筹集经费，深入工厂、码头、棚户区，参观英法日占领的上海租界、淞沪抗日战场，看江南风光，体察沿途地理风俗民情。通过这些实践活动，学生们不仅学到了许多学校因读死书而学不到的知识，更增强了民族责任感。

知识链接

营地教育

在改革开放之前，中国留学生主要都是国家公派，自费留学生极少。中国主要向苏联、东欧社会主义国家派遣留学生。这些留学生在国外经历了艰苦的锻炼和挑战，为中国革命和建设做出了重要贡献。改革开放初期，留学教育仍是主流，修学旅游教育尚未兴起。改革开放后，中国加大了对西方国家的留学工作力度，并在教育交流中积累研学旅行经验。自20世纪80年代中期，随着日本学生来华修学旅行，修学旅行逐渐受到关注。广东、北京、山东和江苏等地成立相关机构，通过修学旅行活动积累中小学研学旅行经验。

4. 当代研学

“研学旅行”一词在我国的政府文件中最早出现在2013年国务院办公厅发布的《国民旅游休闲纲要（2013—2020年）》（国办发〔2013〕10号）。文件在“改善国民旅游休闲环境”中提出“逐步推行中小学生研学旅行”。与此同时，教育部将安徽省、西安市和苏州市列为推广研学旅行工作的试点地区，下发了《关于开展中小学生研学旅行试点工作的函》，试点地区按照工作要求出台了相关的文件。此后，教育部、文化和旅游部等部委不断出台相关政策，各省市、自治区、直辖市的各级政府也先后发布了相关政策，积极推广研学旅行。

2016年，也被称为研学旅行的元年，当年11月，教育部等11部门联合出台了《关于推进中小学生研学旅行的意见》，要求把研学旅行纳入中小学教育教学计划。2019年，研学旅行的开展进入了专业化的发展时期，同年2月，中国旅行社协会与高校毕业生协会联合发布了《研学旅行指导师（中小学）专业标准》和《研学旅行基地（营地）设施与服务规范》。2019年10月，教育部发布了增补“研学旅行管理与服务”专业，归属于旅游大类中的旅游类，修业年限 3 年。2020 年 9 月，32 所高职院校开启了首届专业学生的招生，2023 年开设“研学旅行管理与服务”专业的院校达到 98 所。2024 年教育部发布的 2023 年职业教育专业目录增补清单中，明列于 2024 年开设“研学旅行策划与管理”职业本科专业。

（二）国外研学旅行的起源与发展

研学旅行是一种在实践中学习和成长的方式，其起源可以追溯到 16 世纪的英国，当时被称为“大陆游学”（the Grand Tour）。最初，这种活动主要是贵族子弟的专权，但随着工业革命的发展，逐渐在平民中流行起来。在西方国家，研学旅行被称为“Study Tour”“School Trip”“Educational Trip”“Educational Tourism”。

17 世纪，欧洲工业革命直接带动交通工具的变革，促进了人们旅游需求的增长，同时，新的教育理念也影响了教育方式的改变，于是兴起了一股“大游学”活动，成为当时教育年轻人的重要方式。日本将研学旅行称为“修学旅行”，这种活动在日本学校中有着深厚的传统。自 1946 年正式纳入教育体系以来，修学旅行已成为日本学校最具特色的活动之一，学生们通过这种旅行方式，可以加深对知识的理解，陶冶情操，培养领导力和团队合作精神。美国则明确要求研学旅行应以孩子的兴趣爱好为出发点，其最具特色的方面是“营地教育”，这是一种以户外活动和体验式学习为主的综合性教育方式，通过与自然、科技、历史等多元文化的接触，培养学生的创新思维和实践能力。韩国的教育部门则将毕业旅行作为学生的一项必修科目，纳入学分管理。学生不仅需要在本国进行旅行，还需要参加海外研学旅行，通过实践学习国际知识，培养全球视野。

动画

四种国外研学旅行模式

研学旅行在国外已经形成了完整的教学体系，并具有各自独特的特点。这种在实践中学习和成长的方式，对于提高学生的综合素质和培养领导力、团队合作精神具有重要意义。

二、研学旅行的相关概念

（一）不同视角下的研学旅行

1. 教育视角下的研学旅行

2016年11月，教育部等11部门发布《关于推进中小学生研学旅行的意见》（以下简称《意见》）。《意见》指出："中小学生研学旅行是由教育部门和学校有计划地组织安排，通过集体旅行、集中食宿方式开展的研究性学习和旅行体验相结合的校外教育活动，是学校教育和校外教育衔接的创新形式，是教育教学的重要内容，是综合实践育人的有效途径。"研学旅行旨在深入学习贯彻习近平总书记系列重要讲话精神，秉承创新、协调、绿色、开放、共享的新发展理念，落实立德树人根本任务，帮助中小学生了解国情、热爱祖国、开阔眼界、增长知识，着力提高他们的社会责任感、创新精神和实践能力。

2017年8月，教育部印发的《中小学德育工作指南》中指出：把研学旅行纳入学校教育教学计划，促进研学旅行与学校课程、德育体验、实践锻炼有机融合，利用好研学实践基地，有针对性地开展自然类、历史类、地理类、科技类、人文类、体验类等多种类型的研学旅行活动。2017年9月，教育部印发的《中小学综合实践活动课程指导纲要》中明确了研学旅行作为综合实践活动课程的具体实施方向和细则。2017年12月，教育部办公厅发布《关于公布第一批全国中小学生研学实践教育基地、营地名单的通知》。

综合以上，教育视角下的研学旅行内涵包括：研学旅行定位为校外教育活动，属于综合实践活动，是学校教育教学的重要组成部分；其主管部门是教育部门和学校；其组织形式是集体旅行和集中食宿；其学习方式为研究性学习和体验性学习。

2. 文旅视角下的研学旅行

2016年国家旅游局发布的《研学旅行服务规范》明确定义："研学旅行是以中小学生为主体对象，以集体旅行生活为载体，以提升学生素质为教学目的，依托旅游吸引物等社会资源，进行体验式教育和研究性学习的一种教育旅游活动。"可见，研学旅行是旅游的一种新业态，是突出教育性的旅游。而教育旅游在旅游界有研究，

红色研学（图片来源：浙江南湖文化旅游集团有限公司）

文红和孙玉琴认为：修学旅游是以一个专题为目标，以在校学生为主体，以教师等其他人员为补充，以增长技艺、增长见识为目的的一种专项旅游活动，修学旅游突出一个“学”字，要求参加者在旅游的过程中要有所学，学有所获。陈非认为：修学旅游是以提高国民素质为主旨，以一定的修学资源为依托，以特定的旅游产品为载体，以个人的知识研修为目标，以旅游为表现形式的市场化的专题旅游项目。白四座指出：修学游介于游与学之间，又融合了游与学的内容，是一种以游相伴的见学、以学为主的旅行。

随着中小学研学旅行的推广实施，旅游领域的学者对研学旅行的概念进行了进一步研究界定，如朱立新教授提出研学旅行定义有广义和狭义两种界定方式：广义的研学旅行是指以研究性、探究性学习为目的的专项旅行，是旅游者出于文化求知的需要，暂时离开常住地，到异地开展的具有文化性质的旅游活动；狭义的研学旅行特指由学校组织、学生参与的，以学习知识、了解社会、培养人格为主要目的的校外考察活动。白长虹教授则提出：研学旅游的内涵为以学习为主要目的的专项旅游活动，其外延体现为参与群体、参与形式、参观场景的变化。具体而言，从研学旅行的实施主体来看，参与群体可以是在校学生、处于人格发展阶段的青少年群体、不断追求进取的成年人等；从参与形式来看，可以是集体组织形式、旅游团队形式、独立出游形式等；从参观场景来看，可以是自然、文化、产业等。还有专家定义研学旅行是一种以研修或体验为特定目的，以青少年学生为主体，有计划、有组织地寓学于游、学游相伴的旅游形式。

综上所述，从文旅角度来看，包含国家推行的研学旅行在内的所有教育旅游类型都是广义上的研学旅行。

动画

研学与其他相关概念的区别

（二）相关概念

1. 春游、秋游

春游、秋游是一种传统的民俗文体活动，让青少年亲近大自然，感受大自然的美景，丰富课外生活，全面增强学生的生态意识和环保意识，陶冶情操，强身健体。春游、秋游的时间通常是在春秋季节，时长一般是半天或者一天，不一定在正常的教学时间安排出行，通常在周末举行；组织形式通常以年级、班级为单位出游。春游、秋游本质是一项旅游活动，虽然有的要求旅游归来后撰写游后感，但是没有严格的学习任务。春游、秋游与研学旅行的区别在于其开展的目的比较单一，不以课程的形式开展，不用集中食宿。

2. 夏令营、冬令营

夏令营、冬令营是一种以体验式教育为基本方式的青少年户外教育形式。夏令营、冬令营的特点是让孩子走出学校、走进大自然，在精心设计的课程体系及配套活动中锻炼自己的意志力和团队协作能力等综合能力，认识新伙伴，建立友谊，学会合作与分享，了解自然知识、开阔视野。夏令营、冬令营与研学旅行的区别在于夏令营、冬令营的开展时间分别安排在暑假和寒假，非正常的学校教学时间；活动地点以营地为主，较为固定；组织形式以私人或社会团体为主；通常以某一学科为主题开展。

3. 国际游学

国际游学是一种以旅游为主要形式的学习方式，旨在通过让学生在不同的国家、文化和教育环境中学习和生活，来拓宽他们的视野，增强他们的跨文化交流能力。国际游学与研学旅行的区别在于国际游学费用较高，只有部分学生参与；组织形式以私人或社会团体为主；地域上不在国内开展。

4. 红色研学

红色研学是一种特殊的教育方式，它融合了探究性、体验性、实践性等多种教育元素。其主要目的是通过深入探索和研究中国革命历史、红色文化和传统文化等内容，来培养学生的爱国主义精神、历史意识和文化素养。

2022 年 1 月 20 日发布的《国务院关于印发“十四五”旅游业发展规划的通知》（国发〔2021〕32 号）明确提出大力发展红色旅游，突出爱国主义和革命传统教育，坚持培育和践行社会主义核心价值观，有效提升红色旅游规范化发展水平。2022 年 2 月 9 日，中共中央办公厅、国务院办公厅印发的《关于加强新时代关心下一代工作委员会工作的意见》指出加强爱国主义教育基地、青少年教育基地等教育阵地建设，用好博物馆、陈列馆、档案馆等各类社会实践活动基地。这些重要文件的出台为红色研学旅行的实施提供了明确的指导和坚实的政策支撑，预示着红色研学旅行将迎来崭新的发展阶段。作为红色旅游与爱国主义教育的重要媒介，红色研学旅行肩负着激发红色资源活力、传承红色文化精髓、推动教育改革进程以及促进经济增长的重要使命。

红色旅游与红色研学本质相近，后者以红色旅游为基础，融入研学活动，凸显教育性质和政治导向。红色研学以追寻红色足迹、传承红色基因为核心，通过重游红色路线、瞻仰红色遗迹、聆听红色故事等富有感染力和感召力的方式，使红色基因深入人心。红色研学侧重于在研学过程中学习革命历史，红色研学的对象主要是中小学生，红色旅游则覆盖青少年、党政干部、企事业单位员工以及广大民众，在思想、情操和素养方面对人民群众产生深远影响。例如，嘉兴“新时代重走一大路”既是一条红色旅游路线，又是优秀的红色研学路线，旨在让游客们能够穿越历史，感悟初心，探寻中国共产党人的精神密码。

动画

嘉兴“新时代重走一大路”红色研学路线

红色旅游：嘉兴“新时代重走一大路”（图片来源：浙江南湖文化旅游集团有限公司）

三、研学旅行产业生态圈

（一）研学旅行产业生态圈的特点

研学旅行产业生态圈是指以研学旅行为核心，通过整合教育、旅游、文化、科技等资源，形成的一个多元化、综合性、跨界的产业生态系统。这个生态圈具有以下几个特点。

1. 跨界融合

研学旅行产业生态圈是综合性产业集群，涉及教育、旅游、文化、科技等领域，汇聚各类企业。通过跨界合作、资源共享，打破传统产业界限，实现产业深度融合。生态圈内企业合作开发新产品、新的服务项目，提高创新能力和竞争力，资源共享、提高效率、降低成本。建立研学旅行产业生态圈能够促进产业转型升级和国民经济发展。应加强政策支持，推动其健康发展，并使其成为推动经济发展的重要力量。

2. 多元化创新

研学旅行产业生态圈致力于推崇创新理念，通过鼓励企业、机构、个人等在研学旅行领域进行多元化创新，包括产品创新、模式创新、科技创新等，来推动整个产业的发展与进步。这种创新的理念不仅为研学旅行产业带来了无限的可能性，也为企业、机构和个人提供了更多机遇和挑战。例如，嘉兴市科学技术协会主导的“红船引航科普行”研学活动中的研发者努力发掘新的创意和想法，以不断优化和完善研学旅行的体验，从而为学生、教师、旅行者等提供更好的服务。

红船引航科普行（图片来源：嘉兴市科学技术协会）

3. 人才培养

研学旅行产业生态圈对人才培养的重视不言而喻。通过多元化的手段，如产学研合作和职业培训等，生态圈为从业人员提供了专业素养和综合能力提升的机会。

这些努力不仅有助于打造更强大的团队，同时也能为产业发展注入源源不断的人才与活力，并提供强有力的人才支撑。

其中，产学研合作是培养人才的重要途径之一。通过与高校和研究机构的紧密合作，研学旅行产业生态圈能够将理论知识与实践技能相结合，为从业人员提供更全面、更实用的培训。同时，职业培训也为从业人员提供了更多的学习机会和成长空间，帮助他们不断提高自己的技能和能力，以适应市场的不断变化。

值得一提的是，研学旅行产业生态圈的人才培养不仅关注专业素养和综合能力，更注重人才的全面发展。通过各种形式的培训和学习，生态圈为从业人员提供了更广阔的视野和更丰富的学习机会，使他们能够更好地了解市场需求和发展趋势，从而更好地服务于产业的发展。

4. 文化传承

研学旅行产业生态圈致力于文化传承与创新，融合传统文化与现代元素，丰富研学旅行的文化内涵。在弘扬传统文化的同时，注重地域文化的传承与发展。积极拓展文化创新思路，尝试新的创意与文化表达方式，为地域文化传承与发展做出贡献。同时，注重文化教育发展，开展研学活动，激发年轻人对传统文化的兴趣，培养人文素养和社会责任感。研学旅行产业生态圈以文化传承与创新为核心，为地域文化传承与发展做出贡献，为年轻人提供丰富多样的研学体验。

5. 科技驱动

研学旅行产业生态圈科技驱动是利用互联网、大数据、人工智能等技术，提高智能化水平和用户体验。该生态圈以科技创新为引领，实现精准市场定位和个性化服务，提升服务质量。

科技应用不仅限于研学旅行的组织和管理，还拓展到研学课程和活动的设计与实施中，提供专业服务。例如，互联网平台可方便学生和家长了解研学旅行信息并报名参加活动，提高组织实施效率，降低成本和风险。

6. 可持续发展

研学旅行产业生态圈以可持续发展为核心，坚持绿色环保理念，注重资源合理利用和生态保护。这体现了对环境的尊重和对未来发展的长远规划，旨在实现经济、社会和生态效益的协同发展。

为实现这一目标，研学旅行产业生态圈积极寻求合作伙伴，整合教育、旅游、文化、科技等资源，形成有机整体，为青少年提供综合性、体验式的成长环境。

此外，研学旅行产业生态圈还致力于推动社会经济发展，通过引入新兴旅游业态和模式，促进当地旅游业转型升级，并带动文化产业、科技产业等相关产业的发展，创造更多就业机会，推动地方经济繁荣。

（二）研学旅行产业生态圈优化

研学旅行产业生态圈的优化可以通过以下几个方面来实现。

1. 明确市场主体的定位和竞争优势，分工合作

研学旅行市场的主体可以通过评估自身优势、明确战略定位、寻找核心竞争力等方式，在研学旅行活动的某一主营业务上更具品牌效应。通过专业团队或市场主体主营各类业务，满足研学者的不同需求，形成合力，提升研学旅行满意度。

2. 优化研学课程设计

应立足于学生的全面发展，结合不同学段学生的身心特点、理解能力和实际需求，设计研学课程。课程设计要注重寓学于游、学游相长，做到游学合一，打造研学旅行精品课程。同时，研学课程设计要有系统性，针对不同年级的学生设置符合其年级特征的特定活动项目，实行差别化、体系化教育。

3. 建设专业优质的研学导师队伍

通过建立研学导师资格认证制度，将研学导师纳入特种教师资格认证体系，并由教育行政部门制定研学导师职业标准。同时，健全完善高校人才培养体系，加强对在职研学导师的培训和考核，从而筛选出基础实、高素质、能力强、专业化的研学导师队伍。

4. 构建研学旅行安全保障体系

在实施研学旅行活动之前，学校须针对行程路线，从出行、餐饮、住宿、活动等多方面制定周密的安全保障措施，并确保安全责任到人。此外，针对可能出现的突发状况，应制定相应的应急预案，实现事前预防、事中管理及事后总结。

四、研学旅行产业生态链

研学旅行产业也是一个融合多元主体的产业链条，如若对其进行全面深入的产业结构分析，则需对各个环节进行解读。

（一）上游完善基础设施和服务，创建特色品牌

研学旅行产业链的上游为供应端，包括旅游景区、文化馆、博物馆、科技馆、体育馆、营地和校园等核心供应方。目前，该产业链上游主要呈现两大特点：一是旅游景区、文旅项目、博物馆、科技馆、营地等成为研学旅行主要目的地，吸引众多学生和家长参观学习；二是研学旅行基础设施与服务质量逐步完善，特色研学品牌加速形成。在政府的推动下，研学基地和营地基础设施建设逐步完善，提供全面服务，推动研学旅行的发展。同时，特色研学品牌不断涌现，丰富了研学旅行市场，满足了不同客户的需求。

（二）中游参与者积极性强，活跃度高

研学旅行产业链的中游主要由组织实体构成，包括学校、研学服务机构、教育培训机构、旅行社、文化和旅游项目开发商以及地产公司等。目前，该市场呈现多元化和激烈竞争的特点。学校作为主要的需求方和组织者，在短途或简单的研学活动中常能自行组织。专业机构的参与度随着产业的细分也在增强，提升了研学服务的质量和水平。同时，专业的研学旅行公司的出现也为产业带来了新的活力。

（三）下游需求旺盛

研学旅行产业链的下游为研学旅行服务的需求方，主要包括学校和学生。各级政府大力推动研学旅行政策的实施，促使各地中小学校积极组织研学旅行活动，从而使得研学旅行的需求持续增长。

任务三 掌握研学旅行课程设计

一、研学旅行课程开发的内涵及意义

（一）研学旅行课程开发的内涵

课程开发是课程领域一个常用的重要概念，主要是指为了使课程的功能不断适应社会、文化、科学等方面的要求，进而持续不断开发课程的活动与过程。课程开发的经典范式——“泰勒原理”认为，课程开发包括确定目标、选择经验、组织经验、评价结果四个连续性的活动过程，将教育理念、知识技能、情感态度等转化为具体的学习活动，以实现教育目标。归根结底，课程开发的本质是从学习者出发，为学习者服务的，以促进学生的身心发展为终极目标。

研学旅行课程开发是一种新型教育模式，其核心是通过分析教育对象的需求，设定教学目标，然后依据此目标选择多个学科的教学内容以及相关教学活动。该过程包括规划、组织、实施、评价、修订等环节，旨在实现课程目标。此模式以旅行为载体，充分利用校外资源，在短时间内实现高效学习。

（二）研学旅行课程开发的意义

1. 弥补研学旅行教材的不足

研学旅行的教材包括学校教材和基地教材。教材的内容具有规范性的同时又具有一定的局限性。研学旅行课程的开发可以跳出学校教材和基地教材的框架，以地方生活环境、新课程标准以及学科核心素养作为设计依据，开发出适合本地、本校学生使用的课程资源。

2. 培养出优秀的研学旅行指导师

研学旅行指导师需要在实际情况下精心设计课程，他们不仅需要深入了解学生的需求和兴趣，还需要灵活应对各种实际情境，以确保研学实践活动的有效开展，达到预期效果，这个过程也是培养和训练优秀研学旅行指导师的过程。

3. 提高研学旅行指导师的教学自信心

精心设计课程之后，研学旅行指导师会感到自己能够胜任研学实践指导任务。这种自信不仅来自他们对于研学目的地的深入了解，也来自他们在课程设计中所展现的独特见解和专业知识。在这个过程中，他们能够获得更多专业上的肯定和支持，这将进一步增强他们的教学自信心。

4. 有助于促进国家教育改革政策的落地

《中国学生发展核心素养》中提出要培养学生适应终身发展和社会发展所必备的品格和关键能力，《关于推进中小学生研学旅行的意见》提出要开发一批育人效果突出的研学旅行活动课程，建设一批具有良好示范带动作用的研学旅行基地。学校开展研学旅行活动能在教育性、实践性、安全性等原则的指引下，加快实现立德树人、培养人才的根本目的。

总体来说，研学旅行课程开发可以提高学生的学习效果和体验，促进教师教学水平的提高，也可以促进国家教育改革政策的落地实施。

（三）研学旅行课程开发与学科课程开发的区别

研学旅行课程与学科课程在开发上存在明显的区别，主要体现在以下几个方面。

1. 课程编制模式

学科课程采用阶梯型的编制模式，关注知识的传授和技能的训练；而研学旅行课程以“主题—探究—表达”的登山型模式进行编制，不仅关注学习的结果，更加重视学习过程，注重学习过程的多元化和个性化。这种模式鼓励学生在学习过程中主动探索，发挥想象力和创造力，解决问题，从而获得更全面的发展。

2. 支撑理论

学科课程主要受到分科主义和泰勒原理等理论的影响。分科主义强调学科的独立性和分离性，主张按照学科的性质和特点进行分类和组织教学，这为学科课程的设计和实施提供了重要的理论基础。而泰勒原理则是一种以目标为导向的教学设计理论，强调对学生的学习成果进行明确的定义和评估，这为学科课程的标准化和规范化提供了重要的支持。相比之下，研学旅行课程的理论基础主要基于儿童中心主义、单元学习设计等理论，这些理论强调学生的主体地位和活动的重要性，认为学习应该通过实际的操作和实践经验来达到，这为研学旅行课程提供了重要的启示。同时，研学旅行课程也注重单元学习设计，即以某一主题或问题为中心，将学习内容进行整合和组织，形成具有逻辑联系的单元，这有助于学生在实践中更好地理解和应用所学知识。

3. 学生地位

学科课程开发中学生的主体地位通常被忽视，而在研学旅行课程开发中，学生的主体地位得到了充分的尊重和发挥。研学旅行课程开发更加注重学生的主体地位。在研学旅行过程中，学生被鼓励积极参与课程编制，而教师则扮演引导者和组织者的角色。这种模式强调学生的自主学习和思考能力，以及他们在课程开发中的重要作用。

4. 评价方式

学科课程的评价通常以知识的掌握程度为主，而研学旅行课程的评价则更加关注学生的实际应用能力和问题解决能力，以及非学术方面的表现。研学旅行课程的评价通常更加主观和开放，关注学生的实际应用能力和问题解决能力的提高，而不仅仅是知识的掌握，同时，评价也更加注重学生的参与度和合作精神等非学术方面的表现。

微课

研学旅行课程开发的内涵

二、研学旅行课程开发的要素与环节

（一）研学旅行课程开发的要素

1. 研学旅行的对象

狭义的研学旅行的对象指的是中小学生，《关于推进中小学生研学旅行的意见》中指出“一般安排在小学四到六年级、初中一到二年级、高中一到二年级”。分析研学旅行对象的重要性不容忽视，学生的学情分析直接影响研学旅行的效果和质量。针对不同年龄段的学生，研学旅行的目标、内容和方式应有所不同。例如，对于小学生，研学旅行应以培养兴趣、开阔视野为主，而对于中学生，则可以增加一些实践性和研究性的活动，提升他们的实践能力和研究思维。针对不同地域和文化背景的学生，研学旅行的内容和方式也应有所不同。例如，南方的学生，可以选择到北方进行冰雪研学，体验不同的气候和地理环境；城市的学生，可以选择到乡村进行农业研学，了解农业生产和农村生活。总之，分析研学旅行对象的重要性不仅体现在影响研学旅行的效果和质量上，还体现在能够有针对性地培养学生的兴趣、开阔学生的视野、提升学生的能力和素质等方面。因此，在确定研学旅行对象时，应充分考虑学生的年龄、地域等因素，以保证研学旅行的针对性和有效性。

2. 研学旅行的目标

研学旅行的目标从大到小可以分为研学旅行工作目标、培养目标、总目标、课程目标和教学目标，层层细分。

研学旅行的工作目标为：深入学习贯彻习近平总书记系列重要讲话精神，秉承创新、协调、绿色、开放、共享的新发展理念，落实立德树人根本任务，帮助中小学生了解国情、热爱祖国、开阔眼界、增长知识，着力提高他们的社会责任感、创新精神和实践能力。

培养目标根据《中国学生发展核心素养》，以培养“全面发展的人”为核心，分为文化基础、自主发展、社会参与三个方面；人文底蕴、科学精神、学会学习、健康生活、责任担当、实践创新六大素养，并具体细化为国家认同等十八个基本要点。

总目标依据《中小学综合实践活动课程指导纲要》《中小学德育工作指南》确定的《中小学综合实践活动课程指导纲要》提出，“学生能从个体生活、社会生活及与大自然的接触中获得丰富的实践经验，形成并逐步提升对自然、社会和自我之内在联系的整体认识，具有价值体认、责任担当、问题解决、创意物化等方面的意识和能力”。《中小学德育工作指南》提出，“培养学生爱党爱国爱人民，增强国家意识和社会责任意识，教育学生理解、认同和拥护国家政治制度，了解中华优秀传统文化和革命文化、社会主义先进文化，增强中国特色社会主义道路自信、理论自信、制度自信、文化自信，引导学生准确理解和把握社会主义核心价值观的深刻内涵和实践要求，养成良好政治素质、道德品质、法治意识和行为习惯，形成积极健康的人格和良好心理品质，促进学生核心素养提升和全面发展，为学生一生成长奠定坚实的思想基础。”

课程目标和教学目标则围绕着工作目标而展开。

3. 研学旅行的旅游资源

一是自然研学旅游资源，包括各种具备研学旅行接待条件的自然保护区、风景名胜区、森林公园、地质公园等。

二是人文研学旅游资源，包括各种具备研学旅行接待条件的文化遗产地（如古楼阁、名人故居等）和当代人造文化景观（如博物馆、奥运场馆、科技场馆等）。

三是社会研学旅游资源，包括各种具备研学旅行接待条件的农业科技园、工业厂区、知名院校和科研院所等。

4. 研学旅行的内容

研学旅行的内容是研学旅行指导师、学生开展研学旅行活动、学习研学知识的载体。研学旅行课程可整合为六大类型：优秀传统文化类、革命传统教育类、国情教育类、国防科工类、自然生态类和劳动教育类，对每种类型的研学方法和研学流程进行设计是课程设计的重点环节。研学旅行内容的选择原则和依据，以及内容的收集整理和归纳方法都应该是课程设计的主要内容。

5. 研学旅行的方法

研学旅行的方法是指在具体条件下，为实现研学旅行预期目标所采用的途径和办法。研学旅行的方法就是在明确“要到哪里去”后，解决“怎么到那里去”的问题，也是为了完成特定的研学旅行目标，所采用的研学旅行模式、程序、方法、组织形式和对研学资源的选择与使用的总体考虑。研学旅行的方法包括研学旅行组织方法、研学旅行内容传递方法和研学资源管理方法三类。研学组织形式、研学结构程序策划、研学资源材料设计与开发等，均属于研学旅行方法的范畴。在课程设计视野中，研学旅行方法是研学过程的综合解决方案，是保证研学目标实现的有效途径，必须作为课程设计的重点。研学旅行中，一般会采用小组合作、交流讨论、动手实验、劳动体验、设计制作等方法。

6. 研学旅行评价

研学旅行评价是根据研学旅行目的和原则，利用所有可行的评价方法及技术对研学旅行过程及预期的一切效果给予价值上的判断，以提供信息，改进研学工作，并对被评价对象做出某种资格证明。通过研学旅行评价，可以了解研学旅行目标是否达到，并作为修正研学旅行设计的依据。

（二）研学旅行课程开发的环节

1. 目标制定

研学旅行课程开发人员根据学生的年龄及身心发展特点，以及学校的课程规划来确定课程目标。课程目标制定是研学旅行课程开发的首要环节，为后续的内容选择和课程设计提供了明确的方向。课程目标确定之后，再确定每个专题课程的具体教学目标。

2. 内容选择

研学旅行课程开发人员根据研学旅行的目标，选择合适的研学目的地和研学线路。要对研学旅行目的地进行实地考察，以便更好地发现和挖掘可利用的教学资源。

3. 课程设计

研学旅行课程设计包括设置课题、研究分析形成教育目标，解释课题、寻找基础形成教育思想，设计思路、发现相关内容形成课程结构，选择活动、对接体验形成教学体系，安排行程、整合要素形成教学大纲，以及编写教案、规范教学形成教育过程。

4. 方法体系掌握

在具体的研学旅行课程中，还应深入掌握以问题为导向的方法，情景导入，掌握体验引导法、共享导向法、价值澄清法等方法体系，让课程教材、教师教学与学生经验融为一体，做到教学做合一。

5. 课程评价设计

首先需要确定课程评价的目标，例如提高学生的知识水平，培养学生的技能，提高学生的参与度等。根据评价目标，制定具体的评价指标，例如学生的课堂参与度、作业完成情况、考试成绩等。根据各项评价指标的重要性，给它们分配不同的权重，设计具体的评价方式，例如观察学生课堂表现、检查学生作业、进行小测验等。根据评价结果，及时向学生和教师提供反馈，并根据评价结果进行必要的改进和调整。

三、研学旅行课程设计的策略

（一）坚持以学生为本的策略

1. 尊重学生的主体地位

学生是研学旅行的主体，要尊重他们的选择和意见。在课程设计上，可以让学生参与到课程内容和活动的制定过程中，使课程内容更符合他们的兴趣和需求。

2. 提供个性化学习体验

每个学生都有自己的特点和兴趣，应尽可能为每个学生提供个性化的学习体验。例如，可以提供多元化的学习资源，让学生根据自己的兴趣选择参与的活动。

3. 注重实践与体验

研学旅行的特色之一是让学生在实践中学习，从“做”中学。应设计更多实践性和体验性的活动，让学生通过实际操作理解和掌握知识。

4. 加强学生参与

鼓励学生参与到研学旅行的各个环节中，包括前期准备、中期实践和后期总结。这样不仅可以让他们有更深的参与感和体验感，也可以培养他们的团队协作能力和自我发展能力。

5. 关注学生的反馈

要关注学生的反馈，及时调整和优化研学旅行的内容和方式。只有了解学生的真实感受和需求，才能更好地满足他们的需求。

6. 合理评价与引导

对学生的表现进行及时、合理、全面的评价，以鼓励和引导为主，增强学生的自信心和积极性。

7. 强化安全措施

学生的安全是课程设计首要考虑的因素。所有的活动和行程都应在保证学生安全的前提下进行。同时，应预先考虑到可能的风险因素，并做好相应的应对措施。

（二）突出地方特色的策略

1. 深入了解当地文化

需要对当地的文化、历史、风土人情有深入的了解，找准本地特色，开发具有本地特色的研学旅行课程。

2. 利用地方资源

应充分利用地方的自然资源、人文资源和社会资源，如风景名胜、历史遗迹、特色工艺等，将其融入研学旅行课程中，让学生在实际体验中感受地方的魅力。

3. 设计特色活动

根据地方特色设计相关的实践活动，如文化体验、民俗活动、地方特色工作坊等，让学生亲身体验地方文化，理解地方特色。

4. 结合学科知识

将地方特色与学科知识相结合，让学生在研学旅行过程中，不仅了解地方文化，也能将所学知识应用于实际，增加研学的深度和广度。

5. 注重地方经济发展

了解地方的经济发展状况和特色产业，如有可能，将这些产业融入研学旅行课程中，让学生了解地方经济的发展历程和前景。

6. 教师引导

教师需要在课程开发中发挥引导作用，帮助学生理解地方特色，同时也要充当文化传播者的角色，引导学生尊重和欣赏地方文化。

7. 反馈与改进

对研学旅行课程进行定期的评估和反馈，根据学生的反映和社会评价进行必要的改进，以更好地突出地方特色。

通过以上策略，研学旅行课程可以更好地突出地方特色，提高学生的参与度和对地方文化的理解。

（三）采用跨学科设计的策略

采用跨学科设计策略进行研学旅行课程开发可以促进学生的全面发展并提高其

综合素养。以下是跨学科设计策略的一些要点：

1. 确定目标

首先，需要明确研学旅行课程的目标，这应涉及培养学生的创新能力、批判性思维、团队合作等方面。

2. 确定跨学科主题

为了实现研学旅行课程的目标，需要确定一个或多个跨学科主题。这些主题应涉及多个学科领域，例如环境科学、社会学、历史学等。

3. 设计研学旅行活动

根据主题，设计出各种研学旅行活动，如项目制学习、调查研究、实验探究等。这些活动应能够涵盖多个学科领域，并鼓励学生从不同角度思考问题。

4. 多元化的学习资源

为了支持学生的探究活动，需要提供多元化的学习资源，包括图书、网络资源、实验器材等。同时，还可以邀请专家、学者等为学生举办讲座或辅导。

5. 学科交叉的评价方式

对于学生的评价，应该采用多种评价方式，如报告、演示等。这些评价方式应该能够反映出学生的知识掌握情况以及综合素养的提高程度。

6. 教师协作

采用跨学科设计策略需要教师之间的协作。不同学科领域的教师需要相互合作，共同制订研学计划、设计活动方案等。

7. 整合课程资源

需要对校内外各种课程资源进行整合，如学校实验室、图书馆、企业、博物馆等。这些资源可以为学生的研学旅行活动提供支持。

总之，采用跨学科设计策略进行研学旅行课程开发可以帮助学生摆脱传统学科体系的束缚，提高其综合素养和创新能力。

（四）重视探究和体验的策略

研学旅行课程开发重视探究和体验，是一种以实践为主导、以问题为导向的教学方法。通过引导学生主动参与各种实践活动，帮助他们更好地理解和掌握所学知识，锻炼思维能力、团队协作能力和创新能力等。

探究是研学旅行课程开发的重要组成部分，它强调了学生自主发现和分析问题的能力。探究活动的开展，通常需要有一个明确的目标和问题，学生需要在教师的引导下，通过收集资料、实验、调查等手段，自主寻找答案并得出结论。

体验则是研学旅行课程开发的另一种重要方式，它通过让学生参与到实践活动中，帮助他们获得更深刻的认识和感受。体验活动的设计应与课程内容紧密联系，具有趣味性和挑战性，让学生能够在体验中感悟知识、锻炼技能并提升能力。在研学旅行课程开发中，探究和体验并不是孤立的，而是相互促进的。探究为体验提供了一个良好的背景和基础，使体验更加具有意义和价值；而体验则为探究提供了丰富的素材和实际应用的机会，让学生能够在实践中更好地理解和掌握所学知识。通过将探究和体验相结合，研学旅行课程开发能够有效地激发学生的学习兴趣和主动性，培养他们的创新意识和实践能力，提高他们的综合素质和社会适应能力。同时，探究和体验也有助于促进教师和学生之间的互动和合作，推动教育教学的改革和创新。

闯关训练

【思考与练习】

1. 简述红色旅游的概念，并说明其在现代旅游业中的重要性。

2. 列举你所知道的三个红色旅游景点，并简述它们各自的历史背景和红色文化价值。

3. 红色旅游如何帮助我们更好地理解和记忆历史事件？请结合具体实例进行分析。

4. 红色研学对于青少年的爱国主义教育有何帮助？请从个人观点出发进行论述。

5. 请写一篇关于你参观红色旅游景点的感想，可以是实际经历，也可以是想象中的参观体验。

6. 针对红色旅游资源，你可以设计什么样的研学旅行内容？

【能力训练】

<table>
<tr><td>实训主题</td><td colspan="2">红色研学资源调研综合实训</td></tr>
<tr><td>实训目标</td><td colspan="2">1. 深入了解当地红色研学资源的类型、数量、特色等，为开发红色旅游提供基础数据。
2. 探究当地红色文化传承与发展状况，以及红色文化对旅游发展的贡献。
3. 分析游客对红色研学旅游的需求与偏好，以及红色旅游的市场前景。
4. 提出开发红色研学旅游资源的建议和对策，为相关部门提供参考。</td></tr>
<tr><td rowspan="4">实训内容</td><td>任务背景</td><td>随着红色旅游的兴起，红色研学资源逐渐受到广泛关注。本次调研旨在深入挖掘当地的红色研学资源，探究红色研学的发展。</td></tr>
<tr><td>调研内容</td><td>1. 红色景点：调研当地具有代表性的红色景点，包括革命遗址、纪念馆、博物馆等，了解其基本情况、展示内容、教育功能等。
2. 研学活动：挖掘当地的红色研学活动，如革命历史教育、红色文化体验等，了解其活动形式、受众对象、实施效果等。
3. 当地文化：探究当地的历史、文化、民俗等特色，了解其对红色旅游开发的影响及作用。
4. 旅游设施：调研当地的旅游设施，包括住宿、餐饮、交通等，了解其设施水平、服务质量、经营状况等。</td></tr>
<tr><td>调研方法</td><td>1. 实地考察：组织小组成员对当地红色景点、研学活动、旅游设施等进行实地考察，获取第一手资料。
2. 访谈：通过访谈当地旅游部门工作人员、红色文化专家、旅游企业代表等，深入了解当地红色研学资源和旅游发展情况。
3. 问卷调查：向游客和当地居民发放问卷，了解他们对红色旅游的认知、需求和满意度等情况。
4. 数据收集：收集相关统计数据，如游客数量、旅游收入等，以便对当地红色旅游发展进行分析。</td></tr>
<tr><td>成果展示</td><td>1. 调研报告：撰写详细的调研报告，总结调研结果，提出开发红色研学旅游资源的建议和对策。
2. 数据图表：整理调研数据，制作数据图表，直观地展示调研结果。
3. 成果发布会：在班级举办成果发布会，回答提问和质疑。</td></tr>
<tr><td>成员任务分工</td><td colspan="2">1. 组长：负责整个调研项目的组织、协调和监督，确保调研工作的顺利进行。
2. 调研员：负责进行实地考察、访谈和问卷调查等工作，收集相关数据和资料。
3. 分析员：负责整理和分析调研数据，撰写调研报告和制作数据图表。
4. 宣传员：负责成果发布会的组织和宣传工作，向相关政府部门和企业进行成果展示和汇报。</td></tr>
</table>

实训评价表

项目	标准	分值（分）	自评（20%）	互评（50%）	导师评（30%）	总评
调研计划	调研计划完整、合理，包括调研目的、内容、方法、时间等。	20				
团队协作	团队成员分工明确，合作默契，沟通顺畅。	20				
调研报告及展示	调研报告内容翔实，分析深入，结论明确，提出合理建议。	20				
	数据处理得当，图表清晰美观，能够直观地反映调研结果。	20				
	成果展示内容完整、准确，表述清晰，回答问题准确。	20				

模块二

红色人文遗址遗迹课程设计

学习目标

知识目标

1. 了解红色物质类文化遗存的概念、特征及保护和开发。
2. 熟悉红色可移动文物的概念、特征。
3. 掌握红色非物质类文化遗存的保护与开发。

技能目标

能够通过“中国共产党第一次全国代表大会纪念馆”研学课程设计掌握其他红色物质类文化遗存研学课程的开发和设计。

素养目标

1. 通过了解红色物质类文化遗存，激发爱国主义精神，增强文化自信，弘扬红色文化。
2. 通过了解红色非物质类文化遗存，学习革命先烈的英雄事迹，增强民族责任感和认同感。

模块重点

1. 红色人文遗址遗迹与研学的关系。

2. 设计其他红色人文遗址遗迹的研学课程。

思维导图

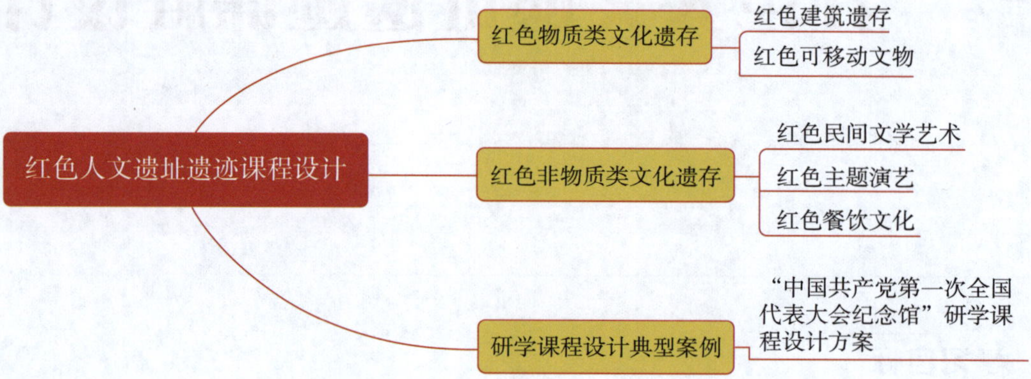

案例引入

7月旅行｜井冈山4天定制游

第1天：杭州出发　杭州—吉安—井冈山

【井冈山革命烈士陵园】是茨坪中心景区新辟的主要革命人文景观。

【茨坪毛泽东同志旧居】是中国共产党井冈山前敌委会旧址，为全国重点文物保护单位。

第2天：井冈山

【黄洋界】是井冈山上赏云海、观日出的最佳地点。

【红军挑粮小道】体验革命先辈的优良作风，感悟红色政权的来之不易。

【百竹园】游览竹海奇观。

【红军造币厂】在中国革命政权的货币发展史上占有重要的历史地位。

【中国红军第四军医院旧址】我军历史上第一所医院。

【五龙潭瀑布】主要景点为五潭五瀑，是井冈山风景佳丽的地区之一。

第 3 天：井冈山—南昌

【井冈山革命博物馆】是中国第一个地方性革命史类博物馆。

【万寿宫历史文化街区】集时尚购物、餐饮娱乐、社交休闲、文化旅游于一体的大型综合性街区。

第 4 天：南昌—杭州

【滕王阁】因王勃的《滕王阁序》而闻名，是“江南三大名楼”之一，也是南昌的地标性建筑。

【八一广场】为南昌市的心脏地带，是江西省最大的城市中心广场，南昌市和江西省政治、经济、文化、休闲、娱乐等活动的重要场所。

【想一想】

根据以上案例，分析如何开发红色人文遗址遗迹类的研学课程？

任务一 红色物质类文化遗存

一、红色建筑遗存

（一）红色建筑遗存的含义

红色建筑遗存是指具有红色主题且具有地方风格和历史色彩的历史建筑遗存，包括有红色历史影响的人物的住所或为历史著名事件而保留的建筑物。

（二）红色建筑遗存的特征

红色建筑遗存分为具象象征和抽象象征两类。具象象征具有表义清晰、意义鲜明且易解读的特点，通过五角星、镰刀锤头、炮弹等具体形象表现，如瑞金市红军烈士纪念塔塔身为炮弹形，犹如一颗“大炮弹”直指苍穹，塔身由砖石垒筑，外表粉刷了水泥砂浆并嵌有无数小石块，象征着无数革命先烈为了革命的理想献出了宝贵的生命；塔座为“五角星”体，由红条石垒砌。抽象象征主要采用数字象征，如公略亭、博生堡。公略亭是纪念在第三次反“围剿”中牺牲的红三军的军长黄公略的纪念亭，设计中多次用数字象征，公略亭整体平面为三角形，亭中立了一块三棱锥体的石碑；而博生堡整体由青砖砌成，呈四方形，寓意赵博生是在第四次反“围剿”中牺牲的。

（三）典型红色建筑遗存

微课

红色建筑遗存的特征及典型代表

1. 井冈山革命根据地

井冈山革命根据地建筑遗存有南山火炬广场、红旗雕塑和五指峰雕塑等。南山火炬广场是井冈山的一个标志性建筑。火炬广场上竖立着 90 个火炬雕塑，寓意着井冈山革命根据地创建 90 周年。红旗雕塑是井冈山的另一个标志性建筑，寓意中国革命的星星之火从井冈山燎原。还有一尊以五指峰为原型的井冈山标志雕塑背倚青山，面迎八方来客。

动画

红色建筑遗存

2. 中国共产党第一次全国代表大会纪念馆

中国共产党第一次全国代表大会纪念馆（简称“中共一大纪念馆”）是国家一级博物馆、全国爱国主义教育示范基地、全国廉政教育基地、国家国防教育基地。中共一大纪念馆地处上海市黄浦区，由中国共产党第一次全国代表大会会址（简称“中共一大会址”）、宣誓大厅、新建展馆等部分组成。

中国共产党第一次全国代表大会纪念馆占地面积 1 300 余平方米，是一幢沿街砖木结构一底一楼旧式石库门住宅建筑，与左右紧邻的 4 幢同类房屋同时建成，属贝勒路树德里（今黄陂南路 374 弄）的一部分，为上海典型石库门式样建筑。原有楼房共 2 排 9 幢，一上一下，砖木结构，坐北朝南。其中南面一排 5 幢房屋沿兴业路（原望志路）。会址即在西首两幢。北面一排 4 幢在黄陂南路（原贝勒路）树德里弄内，总占地面积 600 平方米，建筑面积约 900 平方米，按当年原貌修复。

中国共产党第一次全国代表大会纪念馆西侧的新馆外观与旧建筑风格保持一致，占地面积 715 平方米，建筑面积 2 316 平方米。专题陈列室面积 460 平方米，分上下两层。展厅采用多功能金属展柜，可自由组合，能满足临时展览各种布展的要求。中国共产党第一次全国代表大会纪念馆新馆地下一楼陈列展厅，面积约3 700平方米。

3. 毛泽东同志故居

毛泽东同志故居位于湖南省湘潭市韶山市韶山乡韶山村，整体坐南朝北，属土木结构“凹”字形典型建筑，总占地面积566.39平方米，总建筑面积472.92平方米。毛泽东同志故居为南方农宅形式，坐南朝北，土木结构，一明二次二梢间，左右辅以厢房，进深二间，后有天井、杂屋，共20间。右厢房第一间为餐厅，右厢房第二间为毛泽东父母卧室，右厢房第三间为毛泽东少年时代的卧室兼书房。故居四周还有毛泽东少年时代读书的私塾、游泳的池塘等多处遗址。

（四）红色建筑遗存与研学

红色建筑遗存与研学有着密切的关系。红色建筑遗存是指在中国革命历史中具有重要纪念意义的建筑物，如红军长征路上的驻地、革命纪念馆、红色教育基地等。通过研学活动可以使学生了解这些建筑物的历史背景、革命故事和文化内涵。红色建筑遗存提供了丰富的实地考察和学习机会。走访这些建筑物，观察其建筑特色、历史等，可以感受和体验历史的厚重感。红色建筑遗存提供了大量的历史资料、图片、红色可移动文物等资源。红色建筑遗存的研学活动可以涵盖多个学科领域，如历史、地理、政治、文化等。

1. 两者的关系

（1）红色建筑遗存是重要的研学资源。

通过实地考察、调研和了解红色建筑遗存，可以更加深入地了解革命历史、政治思想和社会发展，为研学课程设计提供资源支撑。

（2）红色建筑遗存是重要的研学场所。

红色建筑遗存作为重要的研学场所，有助于培养学生的爱国情怀和历史意识，激发学生对国家历史和文化的兴趣。

（3）研学活动有助于促进红色建筑遗存的保护和传承。

通过研学活动，使红色建筑遗存的历史价值得到更好的传播和展示，同时也能够提升红色建筑遗存在社会中的认知度和重要性。

2. 红色建筑遗存研学课程开发的建议

（1）融合多学科知识。

设计课程时应考虑融合历史、政治、文化、艺术等多个学科内容，有助于全面理解红色建筑遗存的历史价值和文化意义。

（2）讲解主体多样化。

在实地考察中，可以邀请专家学者或当地的文化遗产工作者进行讲解，帮助学生了解红色建筑遗存的历史故事和文化内涵。

南昌起义纪念塔（图片来源：嘉兴职业技术学院张建英老师）

（3）设计体验环节。

设计互动体验环节，例如角色扮演、小组讨论等，增强学生的参与感和体验感，深度了解红色建筑遗存的历史和文化。

（4）设计科学的评估方式。

科学的课程评估方式包括考察报告、学习成果展示等，能够激发学生深入思考和总结的动力。

二、红色可移动文物

（一）红色可移动文物的含义

红色可移动文物是指近代红色主题的重要武器、纪念章、纪念币、艺术品、文献、手稿、图书资料、代表性实物等，可分为珍贵红色可移动文物和一般红色可移动文物。珍贵红色可移动文物可分为一级红色可移动文物、二级红色可移动文物、三级红色可移动文物。

（二）红色可移动文物的分类方法和空间分布

1. 红色可移动文物的分类方法

红色可移动文物从属性上和用途上可以分为文献资料、武器装备、生活用品、艺术作品、纪念物品和其他物品（如印刷机、自行车）等。

2. 红色可移动文物的空间分布

收藏红色可移动文物的集中地为博物馆，其他红色可移动文物的集中地包括具有重大历史价值或纪念意义的城镇、街道、村庄，并由省级政府核定公布并报国务院备案。

红色可移动文物主要分布在红色建筑遗址、革命历史博物馆、红色教育基地、红色文化展览馆等相关场所。这些地方通常是革命历史重要事件的发生地或与革命领导人、红军战士等相关的纪念场所。

（1）红色建筑遗址。

革命历史中的驻地、指挥部、会议场所等建筑遗址中，通常会保存有相关的红色可移动文物，如红军服装、革命旗帜、红军装备等。

（2）革命历史博物馆。

革命历史博物馆是专门用于纪念革命历史和红色文化的场所，其中展示的红色可移动文物包括革命烈士的遗物、历史照片等。

（3）红色教育基地。

红色教育基地是为了传承和弘扬红色文化而设立的教育机构，其中陈列的红色可移动文物包括红军服装、红军武器、红军日用品等。

（4）红色文化展览馆。

红色文化展览馆是展示红色文化和革命历史的场所，其中展示的红色可移动文物包括红军服装、红军用品、红色文献等。

（三）红色可移动文物的保护与开发

1. 红色可移动文物的保护原则

红色可移动文物具有丰富的历史内涵和人文价值，是红色文化的重要载体。

首先，红色可移动文物作为一种历史遗存，有不可再生性，要先保护后再开发，以保促发；其次，要建立红色可移动文物保护体系，贯彻执行《中华人民共和国文物保护法》；最后，要加强对红色可移动文物资源周边环境和当地民风民俗的保护，在保护中开发，开发中保护。

2. 红色可移动文物的开发原则

红色可移动文物的开发原则主要包括以下几个方面：

（1）教育原则。

红色可移动文物的开发要以教育为导向，通过展示和解读，向公众传递红色文化的历史价值和精神内涵。通过红色可移动文物的教育功能，提升公众的历史意识和文化认同感。

（2）可持续性原则。

红色可移动文物的开发要考虑可持续发展的原则，注重红色可移动文物的保护与利用的平衡。在开发过程中，要充分考虑红色可移动文物的持续利用，确保红色可移动文物的长期保护和可持续发展。

（3）传承原则。

红色可移动文物的开发要注重传承红色文化的历史记忆和精神传统。通过合理设计和展示，让公众了解和体验红色可移动文物所承载的革命历史和精神，传承红色基因。

（4）创新原则。

红色可移动文物的开发要注重创新，与现代科技相结合，通过数字化、虚拟实境等手段，创造出更具吸引力和互动性的展示形式，提升红色可移动文物的观赏性和参与性。

（5）合法原则。

要贯彻《中华人民共和国文物保护法》，贯彻“保护为主、抢救第一、合理利用、加强管理”的方针，确保其完整性和真实性。在红色旅游的开发过程中，要保持红色可移动文物的原真性、系统性与完整性，充分发挥红色可移动文物资源的史料借鉴、历史熏陶、文化教育等功能，促进文化交流，激发爱国情怀。大力发展红色旅游对于构建社会主义和谐社会，促进中国社会及经济全面协调、可持续发展，具有不可替代的重要作用，要充分保护作为红色旅游依托物的红色可移动文物资源，传承并发扬宝贵的中国共产党革命历史文化遗产。

（四）典型红色可移动文物

1. 生活用品

生活用品是红色可移动文物中最具代表性的一类。其中包括红军的军服、草鞋、军帽、背包等。

2. 纪念物品

红色旗帜是中国革命的象征，红军的旗帜和各种红色标识也是红色可移动文物的重要组成部分，包括红军的军旗、军徽等。在广西壮族自治区博物馆中，馆藏着一面目前我国仅存的红七军军旗，见证了无数红七军战士为革命胜利前赴后继、浴血奋战的英勇与初心。

3. 文献资料

文献资料记录了中国革命的历史和思想。这些文献以书信、文件、日记、手稿、宣传品等形式存在，包括领导人的著作，重要决议、指示及红色经典著作，革命时期的刊物、宣传画册，等等。

4. 其他物品

革命时代留下的其他物品包括传真机、手动打字机、录音机、有线电话机、电报机等科技物品，这些物品在革命时代起到了重要的作用，为信息传播、办公和通信提供了便利，它们作为历史的见证具有较高的历史和文化价值。

（五）红色可移动文物与研学

红色可移动文物是珍贵的历史遗产，具有独特的历史价值和文化意义。

1. 两者的关系

（1）红色可移动文物是重要的研学资源。

红色可移动文物作为研学的宝贵资源，学生通过观察、研究和解读，可直观地了解革命时期的历史背景、社会环境和人们的生活。借助革命时期的各类器物、文献、照片、服饰等，能够深入了解革命时期的社会文化，为研学课程设计提供资源支撑。通过对这些文物的研究和探索，能够了解革命时代的历史事件、革命思想、社会运动等重要内容。通过观察、分析和讨论，深入了解革命时期的人物、事件和社会变革，能够培养学生对历史的兴趣和理解。通过参观博物馆、文物馆或专门的革命历史展览，可以使学生直接接触和观察这些文物，了解其历史背景和文化价值。结合导览解说、互动体验等方式，更能够加深学生对革命时期的认识和理解。

（2）红色可移动文物可以提供丰富的研学方式。

红色可移动文物的研学活动可以采用多种形式，如考察调研、小组合作、实地观察、文物复原等，结合红色可移动文物的特点和研究内容，设计出丰富多样的教学模式，提高学生的参与度和学习效果。

（3）研学活动有助于加深人们对红色可移动文物的了解和理解。

通过深入研究和探索这些文物，学生可以更加全面地了解革命时期的历史背景和社会变革，培养历史意识和文化素养。

2. 红色可移动文物研学课程开发的建议

（1）文物选择要有针对性。

要选择有代表性、富有历史意义的红色可移动文物作为研学课程的研究对象，例如革命时期使用过的红色军装、红色旗帜、红色文献等。

（2）活动形式多样化。

设计丰富多样的活动，例如触摸、模仿等，增强参与感，有助于深度了解红色可移动文物的历史和文化。设计参与制作红色可移动文物的模型或展示品环节，增强对这些物品的理解和认识。

（3）设计科学的评估方式。

科学的课程评估方式包括讲解演练、作品展示、观察心得等，能够巩固学生的学习效果。

微课

红色可移动文物研学课程开发

知识链接

科技物品

任务二 红色非物质类文化遗存

一、红色民间文学艺术

（一）红色民间文学艺术的含义

民间文学是人民大众的口头创作，它在广大人民群众当中流传，主要反映人民大众的劳动生活、日常生活和思想感情，表现他们的审美观念和艺术情趣，具有自己的艺术特色。相对于作家文学的文本明确、语言雅致、思想感情高雅，民间文学具有文本不明确、语言通俗易懂、感情真实朴素等特点。

微课

民间文学艺术分类

红色民间文学艺术是指民间对红色主题或现代社会主义生活进行形象地概括而创作的文学艺术作品。红色民间文学是人民进行革命斗争的武器，是歌颂农民起义、坚持革命斗争的产物。

（二）红色民间文学艺术现状

1. 红色民间文学艺术分类

民间文学是劳动人民口头创作的一类文学，饱含了劳动人民的思想与情感，是最能表现时代特征的一类文学。红色民间文学不同于其他文学，红色民间文学是让人们了解革命斗争情况下人们的生活、喜悦、苦闷和美好的希望，一般可分为以下几类：

第一类：口头文学，包括民间故事、民间歌曲、民间长诗等。

第二类：民间戏曲类，包括民间说唱和民间小戏。如果口头文学只是口头相传，那戏曲类就是以无与伦比的舞台表现形式给人们带来欢乐甚至是灾难生活下幻化的美好。

第三类：口碑语艺类，包括民间谚语、歇后语、民间谜语、灯谜、对联。谚语包含教育后人和传播知识的深意。民间歇后语比谚语要有趣一些，总是有好玩好笑的比喻和夸张。民间谜语和歇后语一样充满趣味，大俗就是大雅，没有诗歌的意境却可以令人神往。

2. 红色民间文学艺术的保护与开发

（1）建立传承机制。

红色民间文学艺术是以人为核心进行文化传承的，应建立一整套完整的传承机制，鼓励学者、研究机构和文化组织对革命时期的民间文学艺术作品进行深入研究和传承，推动相关宣传活动，以提高公众对这些作品的认识和理解。为此，国家文化部门应该加强对民间文学传承人的寻找，并鼓励民间文学艺术传承人及当地的民众学习和传播民间文学。除此之外，还需要以物质形式激励民间文学艺术传承人吸纳和培养下一代民间文学艺术传承人，使民间文学艺术形式得以保留。

（2）健全数字化体系。

政府部门需要加大在全国范围内寻找红色民间文学艺术的力度，通过搜集民间文学艺术作品并将其整理为数字化作品的形式，最大程度保存我国红色民间文学艺术作品。

（3）开展推广活动。

将革命时期的民间文学艺术作品纳入学校教育课程和文化活动，加强对这些作品的教育推广力度，培养青年一代的艺术鉴赏能力和文化素养。

（4）跨界传播。

鼓励文学艺术界与其他领域进行跨界合作，将革命时期的民间文学艺术作品融入当代文化创作中，创造新的艺术形式和表达方式。

（三）典型红色民间文学艺术

革命时期的经典民间文学艺术作品丰富多样，主要有以下代表性作品。

1. 红色歌曲

红色歌曲代表作有《东方红》《义勇军进行曲》《南泥湾》等，这些歌曲以激昂的旋律和深情的歌词表达了对革命事业的热爱和追求。

《东方红》是陕北民歌，原曲为陕北革命情歌《骑白马》，原词为李有源创作的《移民歌》，后由李增正、马可等人参与改编，于 1944 年 3 月 31 日在《解放日报》上公开发表歌词与曲谱。该歌曲是一首在抗日战争期间人民用以表达对毛泽东、中国共产党由衷的感激之情而创作的颂歌。

《义勇军进行曲》由田汉作词，聂耳作曲，诞生于 1935 年。1935 年，田汉、聂耳先后完成电影《风云儿女》主题曲《义勇军进行曲》的作词、谱曲，《风云儿女》首映后，该曲随即迅速传遍全国，成为激励中国人民奋勇抗战的号角，对激励中国人民的爱国主义精神起了巨大的作用。《中华人民共和国国歌法》规定：中华人民共和国国歌是《义勇军进行曲》。

《南泥湾》是由贺敬之作词、马可作曲、王昆演唱的歌曲，该曲创作于 1943 年。作词人贺敬之结合自己对边区军民大生产运动特别是第三五九旅垦荒南泥湾的深刻认识和体会，充分酝酿、一气呵成地写出了歌词。之后，由作曲人马可采用陕北民歌的调式谱了曲。

2. 红色故事

经典红色故事有《红岩》《红旗谱》《小兵张嘎》等，这些故事以真实的历史事件和英雄人物为背景，讲述了革命斗争中的英勇事迹和感人故事。

《红岩》是现代作家罗广斌、杨益言根据自己在第二次国内革命战争时期国统区监狱渣滓洞和白公馆监狱的真实经历与见闻创作的一部长篇革命历史小说。《红岩》着重表现以齐晓轩、许云峰等共产党人在狱中所进行的英勇战斗，最后惨遭屠杀，他们充分显示了共产党人视死如归的大无畏英雄气概。

《红旗谱》是现代作家梁斌所创作的一部长篇小说，首版时间为1957年。《红旗谱》真实地展现了二十世纪二三十年代中国共产党领导中国人民进行革命斗争的伟大历程。

《小兵张嘎》是儿童文学家徐光耀创作的革命小说，以一级战斗英雄燕秀峰为原型，讲述了抗日小英雄张嘎与敌人斗智斗勇的故事。

3. 红色戏曲

具有代表性的红色戏曲有《红灯记》《沙家浜》《白毛女》等，这些戏曲以精湛的表演艺术和生动的剧情描绘了革命战斗的场景和英雄形象。

《红灯记》取材于电影《自有后来人》，它的原创作者是黄泳江。《红灯记》讲述的是抗日战争时期，我党地下工作者李玉和一家三代，为向游击队转送密电码而前仆后继、与日寇不屈不挠斗争的英雄故事。

《沙家浜》由北京京剧团出品，该剧是根据上海市人民沪剧团创作的现代沪剧《芦荡火种》改编而成的革命现代京剧剧目。该剧讲述了抗战时期，江南新四军浴血抗日，某部指导员郭建光带领十八名新四军伤病员在沙家浜养伤，“忠义救国军”司令胡传魁、参谋长刁德一假意抗战，暗投日寇，地下共产党员阿庆嫂依靠以沙奶奶为代表的进步抗日群众，巧妙掩护新四军伤病员安全伤愈归队，最终消灭了盘踞在沙家浜的日伪武装的故事。

《白毛女》充分表现了农民阶级反抗地主阶级的残酷剥削，在中国共产党领导下进行的翻天覆地的革命斗争。

4. 红色诗歌

红色诗歌是革命历史的载体，展现革命精神和思想内涵。红色诗歌描述革命历史和革命人物，表达对革命事业的热爱和对社会主义事业的追求。红色诗歌语言简洁明快，采用生动的形象和比喻来表达情感和思想。红色诗歌能让人们更好地了解中国的革命历史和革命精神。例如《沁园春·雪》《七律·长征》等。

5. 红色绘画

红色绘画作品是指具有革命主题的绘画作品，通常被视为中国近现代艺术史上的重要代表，《战士》和《永远的毛主席》等作品是其中的经典之作。

《战士》描绘了一群英勇的战士在战斗中的场景，生动表现了他们不畏牺牲、勇往直前的精神面貌。

《永远的毛主席》则以毛主席形象为创作主题，通过细腻的描绘和深刻的情感表达，展现了人民对毛主席的无限敬仰和爱戴之情。

艺术家们以革命历史和现实生活为创作素材，通过艺术形式表现了革命理想和人民群众的愿望。这些作品不仅具有极高的艺术价值，更是对中国近现代历史的生动再现。

6. 红色影视作品

红色影视作品代表作有《智取威虎山》《闪闪的红星》等，这些影视作品以精彩的剧情和感人的表演展现了革命斗争的艰辛和英雄人物的崇高形象。

（四）民间文学艺术与研学

民间文学艺术作品既有着深厚的历史和文化底蕴，又是人民智慧的结晶。通过研学活动，学生到相关的历史遗址、文化场所进行实地考察和实践活动，亲身感受和体验相关的文化氛围。学生通过深入了解和感受这些作品，能够提高文化素养。

1. 两者的关系

民间文学艺术与研学相辅相成，通过研学可以更好地传承和弘扬民间文学艺术，同时也能够丰富学生的文化体验和知识储备。

（1）红色民间文学艺术为研学活动提供丰富的素材和资源。

红色民间文学艺术作品蕴含着丰富的历史、文化、人文等方面的内容。例如，红色文学作品可以作为了解中国革命历史和英雄事迹的重要素材，民间歌曲可以反映当时人民的情感和心声，红色戏曲可以展现革命斗争的场景和英雄形象。通过深入研究和挖掘红色民间文学艺术作品，可以为研学活动提供丰富的素材和资源。

（2）研学活动有助于提高学生对红色民间文学艺术的欣赏水平。

通过研学活动，学生能够深入了解红色民间文学艺术的历史背景、创作环境和文化内涵，从而增强对其的欣赏和理解；实地考察和体验可以更加直观地感受红色民间文学艺术的真实情境，增强其情感共鸣和审美体验。此外，研学活动也可以促进学生对红色民间文学艺术进行深入的思考和探讨，培养批判性思维和文学鉴赏能力，从而提高其艺术欣赏水平。

（3）研学活动有助于红色民间文学艺术的传承和发展。

红色民间文学艺术是民间传统的重要组成部分，通过研学可以使学生更深入地了解和传承民间文学艺术，使其得到更好的传承和发展。

2. 红色民间文学艺术研学课程开发的建议

（1）融入跨学科知识。

将红色民间文学艺术与历史、文化、艺术等学科知识相结合，促进学生对红色民间文学艺术的全面理解。

（2）设计多样化的活动。

结合实地考察、讲座、文献研读、实践体验等多种形式的活动，全面展示红色民间文学艺术的历史、创作背景和文化内涵。

（3）引入互联网和多媒体资源。

结合互联网、影视作品等多媒体资源，丰富课程内容，增加学生的学习乐趣和参与度。

（4）设计创作环节。

研学活动中专门设计环节让参与者以小组为单位进行红色民间文学艺术的创作和表达。

二、红色主题演艺

（一）红色主题演艺的含义

红色主题演艺是指民间各种红色主题的表演方式，包括以革命战争、社会主义建设等红色主题为背景和题材的演艺形式。它通过舞台表演、音乐、舞蹈、戏剧等多种艺术形式，向观众传递革命精神、英雄事迹和社会主义核心价值观。

红色主题演艺具有以下几个方面的意义。

1. 传递红色精神

红色主题演艺通过呈现革命斗争的英雄事迹、为人民服务的精神以及社会主义核心价值观，向观众传递红色精神。这种精神包括为民族独立、人民解放而奋斗的决心和勇气，以及为社会主义事业而努力奋斗的责任感和奉献精神。

2. 弘扬爱国主义情感

红色主题演艺以爱国主义情感为核心，通过舞台表演、音乐和歌曲等形式，激发观众的爱国情感和民族自豪感。这种演艺形式通过展示革命英雄和为国家、为人民做出贡献的人物形象，让观众对祖国的伟大和民族的复兴有更深刻的认识和感受。

3. 弘扬革命精神

红色主题演艺弘扬革命精神，鼓舞观众对革命斗争的坚定信念。这种精神包括不畏艰难的革命精神，以及对共产主义信念的坚定和为人民利益的无私奉献。

4. 传承红色文化遗产

红色主题演艺通过对革命历史和红色文化遗产的再现和传承，让观众了解和认识革命历史的重要性和红色文化的深厚底蕴。这种演艺形式通过舞台表演、音乐、戏剧等形式，再现历史场景，呈现英雄人物和红色经典作品，让观众更好地了解和传承红色文化遗产。

红色主题演艺在中国具有重要的历史和文化价值，它不仅是艺术表现形式，更是对革命历史和红色文化的传承和弘扬。红色主题演艺能够使学生更深入地了解和感受革命的伟大，也能够激发他们的爱国情感。

（二）红色主题演艺现状

1. 红色主题演艺分类

红色主题演艺可以根据表演形式和内容特点进行分类。以下是一些常见的红色主题演艺分类：

（1）红色主题音乐剧。

以音乐、歌舞和戏剧为主要表现形式，通过故事情节和音乐歌曲展现红色主题。经典的红色主题音乐剧有《红色娘子军》等。

（2）红色主题话剧。

以话剧形式表演，通过剧本和演员的表演展现红色主题。典型的红色主题话剧有《沂蒙山》《初心》等。

（3）红色主题舞蹈剧。

以舞蹈为主要表演形式，通过舞蹈动作和编排展现红色主题。例如《红旗颂》等。

（4）红色主题歌剧。

结合音乐和戏剧的元素，通过歌唱和表演展现红色主题。著名的红色主题歌剧有《白毛女》《红色娘子军》等。

（5）红色主题演唱会。

以歌唱和音乐表演为主，通过歌曲和演唱展现红色主题。

舞蹈《七月的光》（图片来源：浙江南湖文化旅游集团有限公司）

2. 红色主题演艺的保护与开发

保护红色主题演艺对于传承和弘扬红色精神具有重要意义。以下是一些探讨保护红色主题演艺的方法和措施：

（1）政策支持。

政府和相关机构可以制定相关政策，加大对红色主题演艺的支持力度，包括提供经济资助、场地支持、宣传推广等方面的政策支持，为红色主题演艺提供良好的创作、展示和传播环境。

（2）加强保护意识。

应加强社会各界对红色主题演艺的保护意识，增强对红色文化遗产的珍视和尊重。要加强对红色主题演艺作品版权的保护，防止盗版和侵权行为，同时也要尊重演艺作品的创作意图和艺术价值。

（3）教育推广。

加强对红色主题演艺的教育推广，将其纳入学校教育和社会教育的内容。通过学校课程、专题培训、文化活动等形式，让更多人了解红色主题演艺，传承红色精神。

（4）创新发展。

保护红色主题演艺也需要与时俱进，进行创新，包括通过融入新的艺术表现形式、采用新的创作手法，使红色主题演艺更具现代感和吸引力，吸引更多的观众。

（三）典型红色主题演艺

1. 情景剧《十送红军》

《十送红军》体现了人民对红军的深厚感情和对革命成功的强烈期盼，演绎了一场送别的感人情景。

2. 大型民族歌剧《沂蒙山》

《沂蒙山》以抗日战争时期革命老区沂蒙山为创作背景，以大青山突围、渊子崖保卫战为创作素材，讲述了沂蒙山抗日根据地军民同甘共苦、生死相依的动人故事，展示了军民水乳交融、生死与共铸就的沂蒙精神。

3. 舞蹈剧《红旗颂》

《红旗颂》是一部以中国共产党的成立和发展为背景的舞蹈剧。通过舞蹈和音乐的形式，展现了中国共产党的光辉历程和革命斗争的伟大历史，弘扬了共产主义信仰和革命精神。

4. 歌舞剧《延安十三年》

《延安十三年》是一部大型红色沉浸式歌舞剧。延安时期是中国共产党的重要发展阶段。

5. 歌舞剧《太行奶娘》

《太行奶娘》的灵感来源于真实而英勇的“太行山奶娘”妇女群体。剧中展现了抗日战争时期那些不惜牺牲一切来养育革命后代的“太行母亲”的感人形象，歌颂了抗战年代军民之间深厚的情感。

（四）红色主题演艺与研学

红色主题演艺与研学密切相关。红色主题演艺作品本身就是重要的研学资源。学生通过参观演出、观看纪录片、阅读文献等方式亲身感受和了解红色主题演艺的历史背景、故事情节和艺术表现形式。

1. 两者的关系

红色主题演艺具有丰富的研学旅行资源，可以挖掘多个方面的研学内容。

（1）红色主题演艺为研学活动提供丰富的资源。

红色主题演艺作品通常与历史事件和人物紧密相关，为研学活动的开展提供丰富的红色资源。

（2）红色主题演艺让研学活动更直观。

红色主题演艺可以通过视听形式展现历史故事、英雄人物的形象，参与者在观赏的过程中，能够直接感受到历史事件中的情感冲突。

（3）研学活动为红色主题演艺提供宣传渠道。

红色主题演艺可以借助研学活动的平台，增加宣传力度，吸引更多的参与者。

2. 红色主题演艺研学课程开发的建议

（1）合理选择演艺作品。

根据学生的年龄、兴趣爱好和课程目标，选择合适的红色主题演艺作品，可以是话剧、音乐剧、舞蹈剧、演唱会等形式。

（2）设计表演和创作环节。

通过课程设计，鼓励学生进行相关的表演和创作活动，例如表演话剧、创作音乐作品等，让学生通过实践来理解和表达红色主题的内涵。

（3）设计综合评估方式。

对学生参与、表演、成果等各方面进行综合评估，避免单一评估，力求做到全面评估。

三、红色餐饮文化

（一）红色餐饮文化的含义

红色餐饮文化是指表现红色文化主题的菜品、小吃和饮品等，是与红色主题相关的特色餐饮与文化符号的结合。红色餐饮文化以红色色调、红色图案、红色标志等为特色，传承和弘扬革命精神。红色餐饮文化具有重要的历史和文化意义。通过红色餐饮文化的传承和发展，可以激发人们对革命历史的兴趣，加深对革命精神的理解和传承。红色餐饮文化也为餐饮行业带来了独特的创新和发展机遇。

（二）红色餐饮文化现状

1. 红色餐饮文化的特征

（1）餐饮特色。

红色餐饮文化以独特的餐饮特色和口味为标志，菜品通常以红色调为主，寓意着革命的热情和斗志。

（2）红色文化符号。

红色餐饮文化以红色作为主要的文化符号，如红色灯笼、红色宣传标语、红色布置等。这些符号代表了革命的红色意义和红色精神。

（3）餐厅装饰和氛围。

红色餐饮文化在餐厅的装饰和氛围上也体现出红色主题，如红色布置、红色背景音乐等。这些元素营造出一种红色的氛围，使顾客能够感受到红色主题的文化内涵。

（4）红色故事和历史背景。

红色餐饮文化通过红色故事和相关的历史背景来传承和弘扬红色精神。餐厅可以通过展示图片、文字介绍和相关的故事等，向顾客传达红色主题的文化信息和价值观。

微课

红色主题
演艺保护方法

2. 红色餐饮文化的保护与开发

红色餐饮文化作为一种具有鲜明特色的文化现象，其保护和开发对于传承中华优秀传统文化、促进地方经济发展和弘扬革命精神具有重要意义。

（1）保护历史遗存。

保护红色餐饮文化历史遗存是传承和发扬红色餐饮文化的基础。政府、企业和民间组织应加强对红色餐饮文化的保护，建立红色餐饮文化保护名录，并实施严格的保护措施，避免因城市改造、旅游开发等原因造成破坏。在保护过程中应注意保持其原真性和完整性，以便更好地传承和发扬红色餐饮文化。

（2）传承传统技艺。

红色餐饮文化的传统技艺是其魅力的重要组成部分，包括烹饪技艺、食材选用、食器制作等方面。在传承传统技艺时，要注重原汁原味，不仅要传承传统的烹饪技艺，还要传承食材选用和食器制作等方面的技艺。此外，要注重创新，结合现代审美和消费需求，推动红色餐饮文化的创新发展。

（3）开发特色菜品。

红色餐饮文化的特色菜品是文化传承的重要组成部分，具有鲜明的地域特色和历史文化背景。应深入挖掘红色餐饮文化的内涵，结合现代餐饮理念和当地食材特点，开发出一系列具有代表性的红色餐饮特色菜品，吸引更多人的关注和喜爱。

（4）推广红色餐饮文化。

推广红色餐饮文化可以增加公众对红色餐饮文化的了解和认同。在旅游线路中设置红色餐饮体验环节，能够让游客在品尝美食的同时，感受红色文化的魅力。此外，可以借助互联网平台，通过短视频、直播等形式宣传红色餐饮文化，提高其知名度和影响力。

（5）加强人才培养。

人才培养是红色餐饮文化保护和开发的重要支撑。应通过定期举办培训、引进专业人才、建立红色餐饮文化研究机构等方式，提高从业人员的素质和专业技能，促进红色餐饮文化的传承和发展。此外，还可以通过与高校、研究机构等合作，开展红色餐饮文化研究，为保护和开发红色餐饮文化提供理论支持和实践指导。

（6）创新经营模式。

随着时代的发展，红色餐饮文化也需要创新经营模式，跟上时代的步伐。可以采取多种经营模式，如主题餐厅、特色餐馆、体验式餐厅等，以满足不同人群的需求。此外，还可以将红色餐饮文化与现代科技相结合，开展智能化服务和管理，提高顾客的用餐体验和服务质量。

（7）促进旅游与红色餐饮文化的融合。

旅游与红色餐饮文化的融合能够为双方带来更多的附加值。在推广红色餐饮文化的同时，应注重与当地旅游资源的整合，如将红色餐饮场所与历史文化景点、自然风光等相结合，提高旅游的吸引力。此外，还可以通过举办红色主题活动、节庆等形式，吸引更多游客前来体验红色餐饮文化，促进当地旅游经济的发展。

（8）加强区域合作与交流。

红色餐饮文化是一个重要的区域性文化，不同地区之间的合作与交流对于文化的保护和发展至关重要。应加强区域间的合作与交流，推动红色餐饮文化的跨区域传播和发展。可以通过举办区域性红色餐饮文化交流活动、建立跨区域红色餐饮文化联盟等方式，促进不同地区之间的合作与交流，实现资源共享、优势互补，形成更强大的文化力量。

（三）典型红色餐饮文化

1. 陕西延安烩面

延安是中国革命的圣地，这里的烩面是一种具有浓厚地方特色和文化的美食，体现的是延安人民艰苦朴素的生活态度和坚韧不拔的革命精神。

2. 江西井冈山农家菜

井冈山是中国革命的摇篮，这里的农家菜以其独特的烹饪方式和原始的食材体现了井冈山人民淳朴的生活方式和艰苦的革命生活。

3. 广东韶关豆腐

韶关是中国南方的红色教育基地，这里的韶关豆腐以其独特的制作工艺和口感，体现了广东人民的智慧和坚韧，同时也体现了南方人民的革命精神。

微课

红色餐饮文化典型代表

4. 重庆火锅

重庆是中国西南的重要红色革命基地，这里的火锅以其麻辣的口感和丰富的食材，体现了重庆人民的热情和勇敢，同时也体现了西南人民的饮食文化。

（四）红色餐饮文化与研学

1. 两者的关系

（1）红色餐饮文化中蕴含着丰富的研学资源。

红色餐饮文化是中国革命历史和传统文化的重要组成部分，蕴含着丰富的研学资源。红色餐饮文化涉及餐饮历史、红色饭馆、革命时期的餐具、饮食器皿等研学资源。

（2）研学活动有助于深入挖掘红色餐饮文化。

通过组织学生开展参观红色餐饮场所、实地体验红色餐饮、参观红色餐具展览、聆听红色餐饮文化讲座等活动，有助于学生深入了解红色餐饮文化。

（3）研学活动能够促进红色餐饮文化的传承与创新。

通过深入挖掘红色餐饮文化的历史和特色，有助于红色餐饮文化的精髓和特色得到传承；通过红色餐饮的制作和体验，结合当今社会人们的饮食需求和消费趋势，能够将红色餐饮文化与现代餐饮业相结合，创新红色餐饮文化产品，推动红色餐饮文化的发展。

2. 红色餐饮文化研学课程开发的建议

（1）融合多学科知识。

设计课程时应考虑融合历史、文化、艺术等多个学科内容，有助于全面理解红色餐饮文化的历史价值和文化意义。

（2）讲解主体多样化。

在实地考察中，可以邀请专家学者或当地的文化遗产工作者进行讲解，帮助了解餐饮文化的历史故事和文化内涵。

（3）设计体验环节。

设计互动体验环节，例如参与制作、小组讨论等，增强参与感和体验感，深度了解红色餐饮文化的历史。

（4）设计科学的评估方式。

设计科学的课程评估方式，包括考察报告、学习成果展示等，激发学生深入思考和总结的动力。

任务三 研学课程设计典型案例

“中国共产党第一次全国代表大会纪念馆”研学课程设计方案

本任务以“中国共产党第一次全国代表大会纪念馆”研学课程设计方案为例。中国共产党第一次全国代表大会纪念馆，简称中共一大纪念馆，位于上海市黄浦区黄陂南路374号，是一所社会科学类历史遗址专题博物馆。中国共产党第一次全国代表大会纪念馆先后被评为国家一级博物馆、全国爱国主义教育示范基地、上海市文物保护单位、上海市爱国主义教育基地、2021年上海市五一劳动奖状称号等。

1950年9月，中共上海市委根据中央的指示，寻找中国共产党第一次全国代表大会会址。经多方勘查，李达、董必武、包惠僧和李书城夫人等多位历史当事人、见证人现场踏勘，确认兴业路76号为中国共产党第一次全国代表大会会址。中国共产党第一次全国代表大会纪念馆藏有自鸦片战争至中国特色社会主义新时代时期的藏品。

石库门模型是一种集历史、文化、艺术于一体的独特模型，它以其独特的建筑艺术和深刻的历史内涵深受人们的喜爱和尊重。根据红色人文遗址遗迹研学课程开发的建议，我们设计了“穿越时代光影，寻访岁月峥嵘”的研学课程，面向群体为初中一年级学生。

一、“中国共产党第一次全国代表大会纪念馆”研学课程设计思路

本次课程以中共一大为主线，参观中共一大会址与展品，以前沿展示技术为叙事语言，利用多媒体、人工智能（AI）、增强现实（AR）、沉浸式AI互动体验等现代声光电先进技术，以红色历史为依托，让学生了解中国共产党的发展历史与革命文化，感受到红色精神的力量。课程以弘扬伟大建党精神、讲好文物背后的故事为核心，通过让红色资源“活”起来、让红色教育“实”起来，让红色文化有效融入学生思想政治教育工作，让红色精神启智润心、培根铸魂。同时，进一步加

深学生对中国共产党历史的了解，感悟红色革命精神的意义与影响，坚定理想信念。

课程根据区域特色、学生年龄特点和学科教学内容需要，紧紧围绕“穿越时代光影，寻访岁月峥嵘”的研学理念，践行“研”“学”并举、知行合一的目标。本课程以“感恩励志”为主线，以“培养中学生爱家乡、爱祖国的家国情怀和综合实践创新能力”为核心的课程设计思路，打造“听党话、感党恩、跟党走”的红色革命传统教育课程，旨在让学生讲好建党故事，传承建党精神。

二、“中国共产党第一次全国代表大会纪念馆”研学课程目标设计

通过学习中国共产党第一次全国代表大会会址的历史和故事，了解中国共产党成立的背景与中共一大会议流程，培养学生学习能力和知识应用能力；通过参观中共一大展品，了解文物故事与先烈故事，使学生深刻体悟建党之初的艰辛历程，感受先烈的崇高风范与坚定理想信念；通过参观中共一大会址建筑，品味红色建筑文化，培养学生思考能力，培养学生动手操作能力和跨学科思维与实践能力，使学生勤奋学习，努力奋斗，早日为党、为国家贡献青春与热血。

三、“中国共产党第一次全国代表大会纪念馆”研学课程内容设计

本研学课程具体包括两个内容：“先烈余晖照古今，我与先烈心贴心”和“走进石库门，共筑红色梦”。活动内容的编排遵循由浅入深、循序渐进的原则，让学生在参与中体验，在体验中感悟，在感悟中成长。“先烈余晖照古今，我与先烈心贴心”部分，将通过讲解、参观、体验等形式，引导学生深入了解中国共产党第一次全国代表大会会址的历史背景、文化内涵以及伟大建党精神。“走进石库门，共筑红色梦”部分，则通过提问、动手制作石库门模型，让学生亲身感受石库门的魅力，并在制作过程中培养动手操作能力和跨学科思维与实践能力。两部分内容相互补充，共同构成了本课程的核心内容。

四、“中国共产党第一次全国代表大会纪念馆”研学课程组织形式

本课程的核心在于通过实践活动来学习，注重将知识与实际操作相结合。课程

的组织方式多样，涵盖了理论讲解、现场学习、小组交流和亲手制作石库门模型等环节，目的是让学生们能够全面地认识和理解中国共产党第一次全国代表大会会址的历史背景及其在文化中的重要地位。

五、“中国共产党第一次全国代表大会纪念馆”研学课程实施设计

（一）行前课

1. 中国共产党第一次全国代表大会的背景知识

（1）介绍中国共产党第一次全国代表大会召开的背景。

（2）讲述中国共产党第一次全国代表大会的历史地位和意义。

（3）观看中国共产党第一次全国代表大会的影像。

2. 走进石库门，共筑红色梦

掌握石库门的建筑特征和历史意义。石库门是上海特有的一种民居建筑形式，具有深厚的历史文化意义。它反映出中西文化的交融、市民生活习俗以及社会风貌。

3. 安全教育

强调模型制作过程中的安全注意事项。

（二）行中课

1. 教具清单

扩音器、石库门模型、美工刀、明信片、信封、邮票、研学手册、笔、颜料等。

2. 安全隐患点

（1）使用美工刀等锐器时的割伤风险。

在制作石库门模型的过程中，学生们需要使用美工刀进行切割，若操作不当可能导致割伤。

（2）颜料等化学物质可能带来的健康风险。

在模型上色环节，学生需要接触颜料等化学物质，若不慎接触皮肤或误入口鼻，可能对学生的健康造成危害。

3. 研学活动设计

课程一：先烈余晖照古今，我与先烈心贴心

研学地点：中共一大纪念馆		研学时长：60 分钟	
关键步骤	详细内容	学习方式	涉及学科
融入情景	故事融入：1921 年 7 月，中国共产党第一次全国代表大会在上海秘密召开。当时，中国正处在内忧外患的动荡时期，许多有志之士为了挽救国家，投身于寻求改变中国命运的道路。来自全国各地的 13 位代表齐聚在这座普通的石库门住宅中，开启了中国历史的崭新篇章。走进纪念馆，仿佛可以看到当年的 13 位代表围坐在桌边，讨论着国家的未来。他们的信念和勇气，穿越了百年的时光，依然鼓舞着每一位后来者。石库门的砖墙不再只是建筑的物理存在，而是一段关于理想、奋斗与民族希望的记忆。	讲授法、体验法	语文、历史
明确主题	参观中共一大纪念馆展品，了解展品文物故事与先烈故事，在实践中致敬先烈。	讲授法	语文、历史
确认方案	聆听讲解员介绍中共一大纪念馆展品的背景故事。	讲授法、体验法、参观法	语文、历史、道德与法治
	参观馆内展品，讲解文物背后的故事。		
体验探究	团队实践活动：围绕建党精神，组织学员们开展团队实践活动，如小组讨论、提问等，增强学员们的团队协作能力和实践能力。	体验法	语文、历史、道德与法治
展示成果	通过学员们的参与度、表现和反馈，对课程进行评价。结合实践活动的成果，对学员们的团队协作能力和实践能力进行评价。	体验法	语文、历史、道德与法治

课程二：走进石库门，共筑红色梦

研学地点：中共一大纪念馆		研学时长：60 分钟	
关键步骤	详细内容	学习方式	涉及学科
融入情景	1. 视频导入：以一段引人入胜的引言开始，介绍中共一大会址的历史、文化和重要性。可以播放一段简短的影像资料或展示一些图片，让学生对此有一个直观的认识。 2. 问题引导："在这里发生了什么？""石库门的建筑有什么特征？"	讲授法、提问法	语文、历史

续表

关键步骤	详细内容	学习方式	涉及学科
明确主题	制作石库门模型，了解其建筑特征和历史价值。	讲授法	语文、历史
确认方案	了解如何制作石库门模型。	讲授法、演示法、体验法	语文、历史、美术
	设计石库门外形和结构。		
	搭建石库门模型并涂色。		
体验探究	第一步：场馆工作人员讲解石库门的建筑特征以及演示制作过程。 第二步：进行体验活动，每 5 人组成一个学习小组，分发材料包。	讲授法、演示法、体验法	语文、历史、美术
展示成果	小组讨论后，每组派代表分享制作石库门模型的心得，从石库门的特点与发展历史方面分享成果，并完成研学手册的填写。	讲授法、演示法、体验法	语文、历史、美术

六、“中国共产党第一次全国代表大会纪念馆”研学课程评价设计

（1）评估学生对中共一大会址相关历史的学习成果，重点考察其对会议时间、背景、参会人员及伟大建党精神等核心内容的掌握情况，确保其能够清晰、准确地表达相关历史知识。

（2）评估学生在研学过程中对红色文化的情感共鸣和价值认同，通过感悟革命历史激发爱国主义情感，培养学生对红色文化的尊重和传承意识。

（3）重点评估学生对中共一大会址及其相关历史背景的思考与分析能力，鼓励学生主动思考，将历史事件与现实问题联系起来，提升批判性思维和独立分析能力。

（4）评估学生将中共一大会址的历史文化内涵与现实生活相结合的能力，通过实践活动提供机会，培养学生的创新思维与实践操作能力，推动其对红色文化的深刻理解和创造性表达。

（5）设计多样化的团队任务，评估学生在团队协作中的表现，包括任务分工、沟通交流与合作能力，促进学生在共同目标下的有效协作与社交互动。

（6）对研学课程的评价设计本身进行反思和优化，确保其符合学生的年龄特点和认知能力，同时系统、全面地覆盖中共一大会址的历史文化知识与精神内涵。

“中国共产党第一次全国代表大会纪念馆”研学课程的研学评价表设计如下：

“中国共产党第一次全国代表大会纪念馆”研学课程评价表

评价项目	评价标准	自评	互评	导师评
中共一大会议的历史背景和现实意义	能够完整说出中共一大会议发生的时间、背景与参会人员。			
伟大建党精神的内涵	能够准确描述建党精神的内涵，并结合自身认识表达感受。			
石库门建筑特色	能够指出其建筑特点，并说出其与红色历史的联系。			
思考和分析能力	能对红色文化提出个人见解，并与现实生活联系。			
创新思维和实践操作能力	在制作石库门模型过程中，能够发挥创意，独立完成模型制作。			
团队协作和社交互动能力	在团队活动中积极参与，与同伴有效沟通，共同完成任务。			
课堂参与度	在历史与文化探索及模型制作过程中，积极参与，表现活跃。			
模型制作成果	石库门模型制作精美，结构准确，涂色均匀，体现历史原貌。			
研学手册填写情况	认真填写研学手册，记录学习心得和成果，条理清晰。			
总评	综合以上各项评价，给出总体评价。			

注：请在自评、互评和导师评相应位置填写评价等级，如优秀、良好、合格等。

闯关训练

【思考与练习】

1. 举例说明红色文献在中国革命历史中的重要性。

2. 描述一件你所知道的红色艺术品，它表达了什么情感或精神？

3. 遵义会议期间，电报机在信息传递中起到了关键作用。请简述这个故事，并说明电报机在革命时代的重要性。

4. 为什么说红色可移动文物是珍贵的历史遗产？它们对于学生的研学有何帮助？

5. 在你看来，如何更好地将红色可移动文物与研学相结合，以培养学生的历史意识和文化素养？

【能力训练】

实训主题	红色主题演艺研学课程设计方案提升综合实训	
实训目标	1. 了解红色主题演艺资源的内涵及其在研学中的应用。 2. 掌握红色主题演艺资源研学课程的设计思路和方法。 3. 具备根据给定资源设计相关研学课程的能力。	
实训内容	1. 红色主题演艺资源的收集与整理。 2. 红色主题演艺资源与研学课程内容的融合。 3. 研学课程一个单元的课程设计。 4. 研学课程试讲与现场点评。	
实训步骤	1. 分组	将学生按照兴趣和特长分为若干小组，每组选定一个红色主题演艺资源进行深入研究和探讨。
	2. 收集与整理	各小组通过查阅资料、实地考察等多种方式，收集、整理与所选主题相关的各种演艺资源，包括影视、音乐、戏剧、图片等。
	3. 融合与设计	在收集和整理的基础上，各小组将所获得的演艺资源与研学课程内容进行融合，设计出具有特色的研学课程大纲和教案，包括课程目标、教学内容、教学方法、教学评价等。
	4. 试讲与点评	各小组在课堂进行研学课程的试讲，教师和其他学生进行现场点评，针对课程设计的合理性、教学内容的深度和广度、教学方法的有效性等方面进行评估和反馈，根据实际需要对研学课程进行改进和完善。
实训成果	1. 一份完整的研学课程大纲和教案。 2. 一次成功的研学课程试讲及现场点评记录。 3. 一份小组讨论记录及个人总结报告。	

实训评价表

项目	标准	分值（分）	自评（20%）	互评（50%）	导师评（30%）	总评
实训达成度	明确阐述红色主题演艺资源的内涵及其在研学中的应用。	10				
	根据实训内容的要求，完成相关任务并达到预期目标。	10				
研学课程方案模拟实施	积极参与小组讨论，与小组成员协作完成任务。	10				
	研学课程试讲及成果展示是否达到预期效果。	10				
研学单元课程的设计	能独立思考，创造性地将红色主题演艺资源与研学课程内容融合。	15				
	能根据所选主题和资源设计出具有特色的研学课程。	15				
研学单元课程的设计	能有效地进行课程试讲，教案编写合理，教学环节完整。	15				
	能根据现场点评的反馈，改进和完善研学课程。	15				

模块三

红色建筑与设施课程设计

学习目标

知识目标

1. 熟悉红色建筑与设施的分布情况。
2. 掌握红色建筑与设施资源保护与开发利用情况。

技能目标

能够通过“红旗渠”研学课程设计掌握其他人文景观综合体研学课程的开发和设计。

素养目标

1. 通过了解红色建筑与设施，学习革命先烈的英雄事迹，增强民族责任感、认同感。
2. 通过了解红色建筑与设施，激发对保护历史文化载体的热情，增强对中国文化艺术及科学技术的自信。

模块重点

1. 红色建筑与设施与研学的关系。
2. 设计其他红色建筑与设施的研学课程。

思维导图

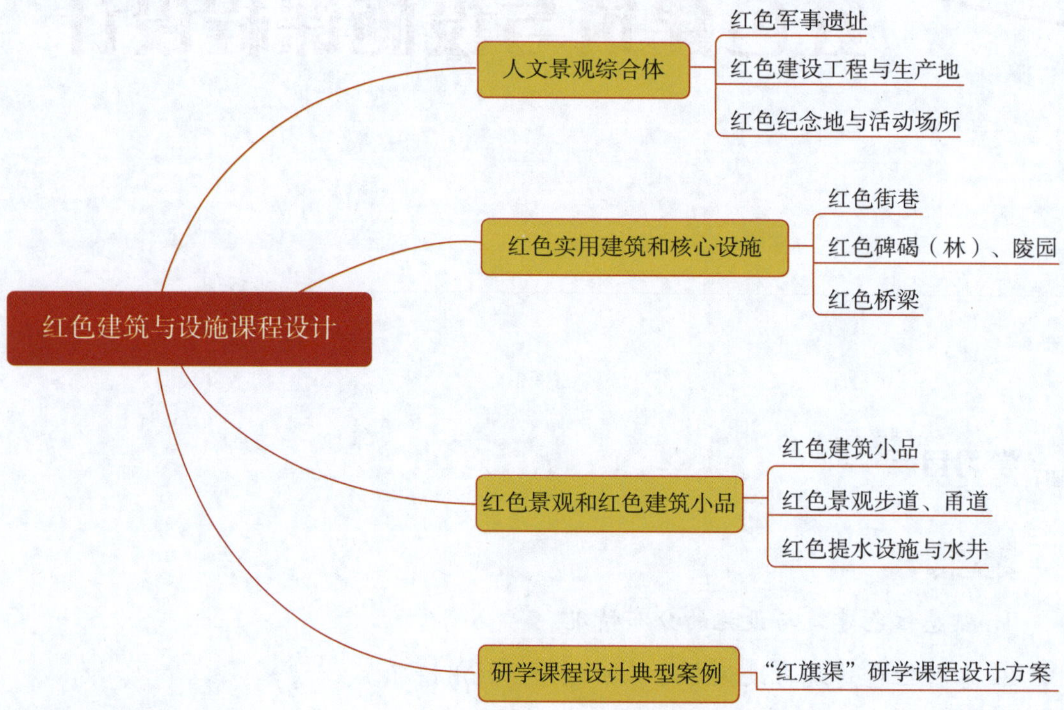

案例引入

苏州革命博物馆展示案例

【背景介绍】

苏州革命博物馆占地 10 000 多平方米，展区分两层，面积 4 000 平方米。博物馆共有两项基本陈列和两个临时展厅，整体建筑具有鲜明的革命纪念主题特色和浓厚的历史文化气息。

【展示项目】

为了增强陈列内容的感染力，博物馆运用雕塑、油画、国画、版画、水彩、素描、景箱、图表、模型等多种表现手段，围绕展览主题，再现历史，烘托气氛，增强效果。

场馆开放的大型多媒体半景画演示项目《阳澄烽火》，借助声、光、电等多种演示手段与巨型油画、场景模型完美结合，细致还原了发生在抗日战争时期阳澄湖地区的“洋沟溇战斗”。

【想一想】

越来越多的红色建筑与设施在发挥人文、历史价值的时候，充分融入时代先进科技，带来视觉、听觉、触觉等美感体验。我们应该如何将红色建筑与设施充分与时代发展结合，让它们更有生命力呢？

任务一 人文景观综合体

一、红色军事遗址

（一）红色军事遗址的含义

红色军事遗址指的是曾经用于红色战事的场所、建筑物和设施遗存，包括驻军地、活动地（点）（如洞穴、岛屿等）。这些遗迹见证了中国革命的艰辛历程，承载着无数先烈们为实现民族独立和人民解放而奋斗的英勇事迹。

（二）典型红色军事遗址

1. 嘉兴平湖碉堡群

平湖现有抗战时期碉堡掩体单体数量 433 座，沿着境内几条较大河流——上海塘、广陈塘、独山塘、海盐塘、野桥塘及其支流分布，主要位于独山港镇、乍浦镇、林埭镇、新埭镇、广陈镇、当湖街道区域内，按功能和形制可分为六大类。这些军事设施属于“乍嘉线”（乍浦至嘉善）防御阵地，是为抗击日军入侵而在沿海地区修建的大批国防工事的一部分。这些军事设施是研究我国近现代史及国防工程建设史的重要实物资料，也是爱国主义教育的重要实物教材。

乍嘉国防线碉堡（图片来源：嘉兴职业技术学院许雯君老师）

2. 红二十七军军部驻地遗址——关帝庙

鄂豫皖苏区第四次反“围剿”失利，皖西地区处在敌人四面包围之中，中央分局和红四方面军主力撤离根据地，向西转移，皖西形势十分险恶。留在皖西革命根据地的部分红军和地方武装在转战途中成立的红二十七军，经过一个多月艰苦卓绝的奋战，成功地打垮了敌人的围追堵截，保存了自己，减轻了根据地的压力，配合了留在鄂豫皖根据地的其他红军的反“围剿”斗争，为根据地以后的恢复和发展做出了卓越的贡献。

2001 年 6 月，经国务院批准，白崖寨为第五批全国重点文物保护单位，也是宿松境内知名度较高的一处红色旅游景点。位于白崖山山腰上的关帝庙，是当年红二十七军军部驻地。当年的关帝庙早已毁于战火，现在几经重建。在关帝庙西边直线距离 100 米左右处，是当年部队进行整编的地方，此处建了一座纪念雕塑。

3. 青云山红军洞

永泰县青云山景区是国家 AAAA 级旅游景区，景区内还有一处当年游击队活动的遗迹——红军洞。

红军洞可容百人，大体分为三层。一层展厅包含了丰富的文字图片资料，详细介绍了永泰革命史的辉煌事迹，并展出了 20 世纪 30 年代当地红军使用过的生活用品和一些收集而来的文字资料、书籍；二层配有多媒体投影仪一套，有 50 个座位，游客可以在此观看影视资料，感受当年的历史风貌；三层则还原了 20 世纪的室内设计，游客可以坐在 20 世纪 40 年代的座椅上慢慢回味在红军洞中的所思所感。

4. 红堡子红军战斗旧址

红堡子红军战斗旧址位于甘肃省白银市会宁县郭城驿镇红堡子村，由王家堡子、刘家堡子及宋家堡子构成。现旧址建有白银会州博物馆，设有展览，常年开放。2017 年 11 月 8 日，红堡子红军战斗旧址被甘肃省人民政府列为甘肃省第八批省级文物保护单位。

（三）红色军事遗址与研学

1. 两者的关系

（1）红色军事遗址是研学的重要载体。

红色军事遗址彰显了中国人民坚决捍卫民族独立、争取人民自由以及中国共产党领导人民进行革命、建设和改革的珍贵历史，具有无可比拟的教育意义、纪念价值以及史料功能。

（2）研学是红色军事遗址传承与发展的重要推广平台。

研学为广大中小学生提供了红色军事遗址实地考察、实地观摩的体验场所。研学使红色军事遗址作为一种富有价值的、见证战争与英雄的红色文化留存在广大中小学生的印象中。

2. 红色军事遗址研学课程开发的建议

（1）挖掘文化内涵。

战火纷飞的革命年代留下了一批珍贵的红色军事遗址，为今天的红色旅游发展留下了丰富的资源，供后人重温党的光辉历程和峥嵘岁月。例如，在井冈山，革命先烈前赴后继、英勇战斗，留下一系列可歌可泣的英雄故事。作为承载重要历史记忆的红色军事遗址，应深入挖掘其文化内涵，加强红色文化的研究。

(2) 丰富教学方式。

红色军事遗址研学可以通过引入军事化的管理和现代体验式的教育理念，结合军队环境、军事氛围等，融入军事拓展训练，形成富有挑战性的体验式军事拓展课程，既可以使学生在体验中学习，又可以增进学生之间的信任与沟通。

(3) 增强互动体验。

红色军事遗址研学除准备拓展训练区之外，还可以设计相关装备展示区、体验区，模拟射击、投掷手榴弹、地雷探测等，丰富多样的体验内容能够提高学生的积极性，寓教于乐。

知识链接

延安羊马河战役旧址、蟠龙战役旧址

微课

红色军事遗址

二、红色建设工程与生产地

(一) 红色建设工程与生产地的含义

红色建设工程与生产地是具有红色精神传承与示范的经济开发工程和实体单位，如工厂、矿区、农田、牧场、茶园、养殖场、加工企业以及各类生产部门的生产区域和生产线。

(二) 典型红色建设工程与生产地

1. 嘉兴五芳斋产业园

微课

红色建设工程与生产地概述

嘉兴五芳斋产业园是目前全国生产规模最大、技术水平最高的粽子专业生产基地，是集展示、研究、开发、生产、旅游、购物于一体的“工业旅游示范点”，园区内设园区风貌、展示厅、表演区、粽艺长廊区等七大区域，充分展现出工业旅游的特点。2006 年，五芳斋产业园通过国家旅游局验收成为“全国工业旅游示范点”。

五芳斋产业园（图片来源：嘉兴职业技术学院许雯君老师）

五芳斋产业园充分展示了粽子所特有的、深厚的历史与文化底蕴，以及裹粽工艺的奇妙。游客在参观的同时，还能近距离体验传统美食。而作为企业本身，浙江五芳斋实业股份有限公司也借助旅游项目的开发，使“五芳斋”这个具有百年历史的“中华老字号”呈现出全新的活力。

2. 中国工业博物馆

中国工业博物馆是一座全面再现中国工业发展历程和老工业基地振兴成就的综合性工业博物馆，集工业历史、文化、教育于一体，是国家AAAA级景区，位于沈阳市铁西区，交通便利。馆内设有通史馆、铸造馆、铁西馆、机床馆与汽车馆五个常设展馆和冶金机械展区，展出了大量实体文物和藏品，包括国家一级文物西周青铜铭文曲刃矛式短剑等珍贵文物。这些展品全面展示了中国工业发展的历程和成就，特别是老工业基地沈阳的工业振兴历程。

中国工业博物馆是全国爱国主义教育基地，对于弘扬爱国主义精神、传承工业文化具有重要意义。

3. 秀洲光伏小镇

秀洲光伏小镇位于浙江省嘉兴市秀洲区境内，2019 年 9 月被命名为“浙江省第三批省级特色小镇”。2014 年 8 月，在省市谋篇布局特色小镇、大力培育光伏新能源的大背景下，秀洲光伏小镇应运而生。接下来几年，光伏小镇依托比邻福莱特光伏玻璃龙头企业的优势，大力引进下游优质产业项目，集聚了隆基、阿特斯等一批龙头企业。由于技术不断优化、成本不断降低，加上全球加速低碳发展、国内碳达峰碳中和目标的提出，光伏新能源行业踩上了时代的节点，迎来了爆发式增长，光伏小镇也进入快速发展期，2018 年和 2019 年分别获得省级特色小镇“亩均”效益领跑者。在光伏小镇的带动下，秀洲光伏新能源产业不断壮大，整体产业结构不断优化。

知识链接

秀洲人的共富新图景

目前光伏小镇已形成比较完善的产业链，包括光伏组件、辅料等，竞争力持续增强。

光伏小镇（图片来源：嘉兴职业技术学院许雯君老师）

（三）红色建设工程、生产地与研学

1. 两者的关系

（1）红色建设工程与生产地是研学的重要载体。

建设工程与生产地为国家和人民的生活产品制造、娱乐享受、科学技术等各方面提供了强大的后盾保障，是日常生活中乃至国家经济发展中不可缺少的后备力量。国家实力在不断发展中必然需要生产水平、技术力量的有效支撑。

（2）研学是红色建设工程与生产地传承与发展的重要推广平台。

学生在游览、观摩企业建设与发展的过程中可以让学生了解目前国家在哪些方面存在技术缺口，在哪些方面需要加大生产力，并且了解国家已经在各领域上取得的成绩以及国家重点关注的领域。研学也可以帮助建设工程与生产地打响知名度。

2. 红色建设工程与生产地研学课程开发的建议

（1）挖掘文化内涵。

随着时代的发展，建设工程与生产地也会产生各种瓶颈，例如节能降耗、降污减排、产品升级改造等，每个产业都需要迎合时代发展的脚步，制定相应的政策，更新换代、创新传承，这就需要与时俱进，充分把握其阶段性文化内涵的特征与变化。

（2）丰富教学方式。

可以引导学生增强科学技术等方面的学习能力，为国家未来科技研发做出贡献；还可以引导学生增强多文化交流能力，为未来国际合作、科技资源共享等提供更多的机会，也为国家经济强有力的发展提供人才支撑。

三、红色纪念地与活动场所

（一）红色纪念地与活动场所的含义

红色纪念地与活动场所是进行红色祭奠、聚会、纪念、演艺、展览、精神传承的场所。

（二）典型红色纪念地与活动场所

1. 遵义会议纪念馆

遵义会议纪念馆位于贵州省遵义市红花岗区老城子尹路96号，是为纪念遵义会议而建立的，是中华人民共和国成立后最早建立的21个革命纪念馆之一，于1955年10月开放。遵义会议纪念馆由遵义会议会址等十一个纪念场馆组成。1964年11

月，毛泽东主席为纪念馆题写了“遵义会议会址”六个大字。2017 年 12 月，遵义会议纪念馆入选第一批“全国中小学生研学实践教育基地”。

在遵义会议纪念馆，可通过参观讲解、实景演出、故事讲述、缅怀先烈等方式，让学生了解遵义会议的重要地位和历史意义，学习革命历史、传承红色基因。

2. 辽宁“九·一八”历史博物馆

“九·一八”历史博物馆是国内外迄今为止唯一全面反映“九·一八”事变史的博物馆，位于辽宁省沈阳市大东区望花南街 46 号，地处沈阳东北部。“九·一八”历史博物馆始建于 1991 年“九·一八”事变六十周年之际。1997 年 9 月，“九·一八”历史博物馆开始扩建，1999 年 9 月 18 日正式落成开馆。“九·一八”历史博物馆为首批全国爱国主义教育示范基地、国家 AAAA 级旅游景区、国家一级博物馆；2016 年 12 月，入选《全国红色旅游景点景区名录》；2017 年 12 月，入选第一批“全国中小学生研学实践教育基地”。

知识链接

走进抗战纪念馆：“九·一八”历史博物馆

在这个博物馆，学生可通过经典红色歌曲合唱、抗战诗篇朗诵、观看传统文化武术展示等多种形式参与抗战文艺汇演中。演出现场学生可朗诵《卢沟桥抗战纪事诗》《永志不忘吾辈自强》《青春》，观看武术《精武少年》等节目，让学生感受到中华民族的抗日历史，砥砺当代青年立言、立行、立德、立身的优良品质。

（三）红色纪念地、活动场所与研学

微课

红色纪念地与研学的关系

1. 两者的关系

（1）红色纪念地与活动场所是研学的重要载体。

红色纪念地多是名人故居、革命烈士纪念馆和革命历史上的重大事件纪念场所。在中国革命历史上，每一位先烈都是一座丰碑，他们不仅仅代表了一段历史，更代表了中华民族的骄傲和信仰，他们坚定信仰，不畏强权，始终坚持自己的信念，为了实现自己的理想不懈奋斗。

（2）研学是促进红色纪念地与活动场所传承与发展的重要推广平台。

在各大历史博物馆、纪念馆中陈列着中华民族的抗战史、用鲜血凝聚而成的斗争史，这些是留存在历史中的不容忘却的时代烙印。在缅怀先烈、走访故居的过程中，可以加深学生对红色纪念地与活动场所的认识。

2. 红色纪念地与活动场所研学课程开发的建议

微课

红色纪念地与活动场所研学课程开发

（1）丰富教学方式。

通过引导学生向一代代浴血奋战的烈士们、爱国者们、建设者们庄严宣誓，保证始终保有爱国之心，始终以敬畏谦逊的心态保持进步，始终追随国家的脚步，将个人发展融入伟大的国家建设征程中。

（2）增强互动体验。

可通过创意展示设计，丰富相关历史博物馆、纪念馆的展出方式。一个好的展示设计不仅仅是展示文化与历史的平台，更是与研学学生互动、吸引其参与的关键。

任务二 红色实用建筑和核心设施

一、红色街巷

微课

红色街巷

（一）红色街巷的含义

红色街巷能反映某一红色时代的建筑风貌，或是经营红色商品和商业服务的街道，或是以红色文化为主题打造的特色街区。例如陕西延安红街、湖北武汉武昌红巷街区等。这些红色街区将红色文化与旅游街区、休闲生活相融合。

（二）典型红色街巷

1. 延安红街

延安红街是陕西省延安市一处红色文化与旅游景区，由红色主题街区、窑洞主题酒店群和延安室内湖延湖共同组成，于 2021 年 6 月 12 日正式迎客。延安红街整体采用延安时期建筑风格，包括主题街区、红色讲堂、沉浸演艺、射击乐园、长征步道、窑洞酒店、特色非遗、红培基地等主要内容，是具备创新感、体验感的大型红色旅游项目，被授予“延安市非物质文化遗产传承基地”，并被纳入延安红色旅游精品线路。

延安红街以科技手段增强互动，创新红色旅游体验。《再回延安》是红色主题的大型沉浸式情景体验剧，游客可以融入剧情，在行进中体验红军长征时爬雪山、过草地的艰辛过往。在互动军事乐园练兵场里，游客可参与地道战、保卫延安等经典场景。

2. 列宁主义街

列宁主义街位于革命老区四川省达州市石桥古镇。1933 年 9 月 30 日，红四方面军挥师南下，解放石桥古镇，发动工农，打土豪、分田地，并在古镇中建于清朝的四座牌坊上分别刻下了“拥护红军、扩大红军”“反对军阀混乱”等宣传标语。其中，在最为壮观的一座牌坊上，红军刻下了“列宁主义街”五个字。

古镇中有许多高耸的石牌坊。石牌坊古朴隽秀，重檐斗拱蔚为壮观。每坊额端均镂雕“五龙捧圣”，其间或浮雕“八仙”，或圆雕“桃园结义”或“二十四孝”等历史故事。学生在列宁主义街不仅可以感受中华优秀传统文化及建筑中蕴含的人文精神，也能深刻地感受艰苦奋斗的红军精神。

（三）红色街巷与研学

1. 两者的关系

（1）红色街巷是研学的重要载体。

红色街巷充分还原了革命时期的街巷风貌，让学生能沉浸式地体验那段波澜壮阔的红色岁月。每一处景区都成为红色文化和精神故事的承载空间，每一条线路都串联起红色故事精彩旅程，让学生身临其境且充分了解当地的红色文化。红色街巷中的革命历史，可以帮助学生对我国的革命历史有更深入的了解。

(2) 研学是促进红色街巷传承与发展的重要推广平台。

研学能够将“红色+旅游”模式融入现代科技，重点以红色文化为主题，打造众多历史场景，以红色街巷为中心辐射带动红色文化传播发展。例如，延安红街中的红军长征胜利会师楼、荒原变江南的南泥湾等，每一处场景都是一段历史故事。

2. 红色街巷研学课程开发的建议

(1) 挖掘文化内涵。

红色街巷充分展现了我国革命的峥嵘岁月，以及革命战场的历史印记和文化遗存。街区的空间布局具有独特性。要充分挖掘其文化内涵，如可通过延安红街征集文物等方式，提高红色文化的文物及史料数量。

(2) 丰富教学方式。

可以通过设计情景剧体验、红歌串烧等方式，采用青少年喜爱的新型观演、参演形式，利用高科技手法，打造多重体感互动的体验，让学生以全新的方式融入剧情或舞台，沉浸式体验革命先辈们的艰辛革命历程。

(3) 增强互动体验。

可定期举办红色文化艺术展览、红色歌曲音乐会等活动，增加红色街巷的人气和知名度；可结合当地的民俗节庆，举办特色红色文化活动，让学生在参与中感受红色文化与当地民俗的融合；还可以在红色街巷周边发展相关的旅游产业链，如建设特色餐饮、红色主题旅馆、纪念品销售等，为学生提供更全面的旅游体验。

二、红色碑碣（林）、陵园

（一）红色碑碣（林）、陵园的含义

红色碑碣（林）、陵园是为纪事颂德红色事件、人物而筑的刻石、墓（群）等。

（二）典型红色碑碣（林）、陵园

1. 广州起义烈士陵园

广州起义烈士陵园位于广州市中山二路，这里原名红花岗，是国民党反动派枪

杀革命群众的地方。1962 年 7 月，广州起义烈士陵园被广东省人民代表大会常务委员会确定为省级重点文物保护单位。1986 年 10 月，广州起义烈士陵园经国务院批准为全国重点烈士纪念建筑物保护单位。

在广州起义烈士陵园内可组织学生观看在正门国旗台举行的庄严隆重的升国旗仪式，学生可聆听宣讲员讲述广州起义的光辉历程，学习英雄们的英勇斗争事迹，让学生了解血与火的历史，培养家国情怀。

2. 嘉善抗日阻击战纪念碑

嘉善抗日阻击战纪念碑位于嘉善县谈公北路泗洲公园内，建于 1997 年 11 月，为花岗岩卧式碑体，全长 15 米，高 3 米。纪念碑记载了 1937 年 11 月 8 日至 14 日，第十集团军在嘉善境内与侵华日军激战七天七夜，重创日军，迟滞了日军进攻南京的时间的战斗经历。纪念碑碑面以浮雕形式再现抗日将士的英雄形象。东侧为张爱萍将军题写的“嘉善抗日阻击战纪念碑”，西侧为嘉善县人民政府镌刻碑文。

3. 川陕革命根据地红军烈士陵园

川陕革命根据地红军烈士陵园原名王坪红军烈士墓，位于四川省通江县沙溪镇境内，是全国重点文物保护单位、全国重点烈士纪念建筑物保护单位、全国爱国主义教育示范基地、全国 AAAA 级旅游景区、全国 100 个红色旅游景点景区、全国 30 条红色旅游精品线路之一。

1934 年，川陕革命根据地红军烈士陵园始建。1985 年，扩建为王坪烈士陵园。2011 年，四川省委、省政府对陵园进行改建和扩建。2012 年 5 月 9 日，川陕革命根据地红军烈士陵园正式开园。

该陵园是我国最大、最早的大型红军烈士陵园，是全国唯一红军为战友修建的陵园。

（三）红色碑碣（林）、陵园与研学

1. 两者的关系

（1）红色碑碣（林）、陵园是研学的重要载体。

红色碑碣（林）、陵园主要以革命烈士陵园为主。研学烈士陵园、组织清扫墓碑是一项特殊的研学教育活动。

（2）研学是红色碑碣（林）、陵园的重要推广平台。

在研学活动中，通过引导学生了解烈士的英勇事迹、奋战过程、爱国壮举，加深学生对党、对革命、对红色文化的认知，进一步感恩如今的和平与安宁。

2. 红色碑碣（林）、陵园研学课程开发的建议

（1）丰富文化内涵。

组织专业的历史研究团队，深入研究碑碣林和陵园所涉及的历史事件、人物事迹。例如，详细梳理每一块碑碣背后英烈的生平，他们参与的战斗细节、做出的突出贡献等。以故事的形式呈现，让学生能够更生动地了解历史，增强文化底蕴。除了革命历史文化，还可以融入当地的民俗文化、地域文化，例如某些曾作为革命物资的手工艺品的制作工艺等。

（2）丰富教学方式。

可围绕党史学习教育、生命教育、理想信念教育等主线研发出红色碑碣（林）、陵园祭英烈、小导游、红色故事汇、行走红色文化以及穿越时空等对话主题与多系列课程。

（3）增强互动方式。

在课程中设置问答竞赛，提出与碑碣（林）、陵园历史文化相关的问题，让学生分组抢答。获胜组可获得小奖品，如红色主题的书签、徽章等，激发学生的学习积极性和参与度。组织学生分组讨论特定的历史话题，如“某位英烈的精神对自己的启发”“革命时期的艰苦奋斗在现代社会的体现”等，每组推选代表进行分享，促进学生之间的思想交流和碰撞。

三、红色桥梁

（一）红色桥梁的含义

红色桥梁是为跨越河流、山谷、障碍物或其他交通线而修建的、有红色活动痕迹的架空通道。

（二）典型红色桥梁

1. 赤水河红军大桥

赤水河红军大桥位于川黔交界的乌蒙山区和中国工农红军“四渡赤水”的革命老区，屹立于壁立直行、挺拔千仞的喀斯特岩溶地貌峡谷之上，西连四川古蔺，东接贵州习水，横跨赤水天险。大桥全长 2 009 米，主桥为 1 200 米双塔单跨钢桁梁悬索桥，主塔高 243.5 米，是世界上山区同类型钢桁梁悬索桥梁中第一高塔、第二大跨的峡谷大桥。

微课

红色桥梁概述

2. 长征第一桥——武阳桥

武阳桥地处瑞金市武阳镇武阳村，距市区 15 千米，为 1934 年 10 月红九军团长征出发时路过的第一座桥，被誉为“长征第一桥”。

1934 年红九军团通过武阳桥时，桥体摇晃厉害，战士们不得不分批分段过桥。沿河两岸群众纷纷云集在武阳桥旁，把食物等送到红军战士手上，有的还用松枝点火为红军照明。由于桥身摇晃厉害，部队过桥速度很慢，年轻力壮的小伙子们纷纷跳下河水，用身体顶着晃动的桥墩，保证了红军顺利过桥。

在长征第一桥，能够体会人民与战士相互扶持的团结精神。

3. 江油红军桥

江油红军桥位于四川江油青林口，距江油市城区 50 多千米，位于梓潼、剑阁、江油三县（市）交界的山沟里，被列为江油市文物保护单位和爱国主义教育基地。该桥是一座廊桥，是古代独特的一座桥梁建筑。1956 年，该桥被正式更名，挂上了“红军桥”匾牌。

“红军碑”上书“红军是穷人的救星”“拥护红军”等碑文，简明醒目，使人马上就会想象当年老百姓踊跃参加红军、热情接待和拥护红军的热烈场景。红军桥、碑历经风雨、洪水、地震，仍安然长存，红军精神，代代相传。

(三) 红色桥梁与研学

1. 两者的关系

(1) 红色桥梁是研学的重要载体。

红色桥梁是红军在长征过程中、革命战斗过程中军民合作、艰苦奋斗的重要见证之一。

(2) 研学是提升红色桥梁文化知名度的重要方式。

红色桥梁一般都位于乡村或者城镇边缘地域，周边地区经济不发达，红色桥梁不为人所知，熟识度低。通过研学能够让学生增强对乡村历史和文化的认知。

2. 红色桥梁研学课程开发的建议

(1) 拓宽乡村旅游。

各级乡村可以打造多条精品红色文旅路线，将“红色桥梁”与红色旅游联系起来。乡村建设涉及多个方面，要在改造乡村的同时深入挖掘、继承、创新优秀传统乡土文化。通过文旅融合发展，丰富旅游产品供给，提升乡村景观与服务，让以“红色桥梁”为元素的红色乡村旅游路线成为乡村振兴的方式之一。

微课

红色桥梁研学课程开发

(2) 丰富教学方式。

可在红色桥梁所在村落摸底调研，根据现有资源去设计相应的研学实践教育课程。要将桥梁放在整个乡村中去考虑。

任务三 红色景观和红色建筑小品

一、红色建筑小品

(一) 红色建筑小品的含义

红色建筑小品是指具有红色文化并用以纪念、装饰、美化环境和配置主体建筑物的独立建筑物，如雕塑、牌坊、戏台、台、阙、廊、亭、榭、表、舫、影壁、经幢、喷泉、假山和堆石等。

（二）典型红色建筑小品

1. 毛泽东观潮诗碑亭

毛泽东观潮诗碑亭在盐官观潮公园中段，是为纪念毛泽东同志1957年到盐官观潮而建造的。1957年，毛泽东同志观潮后作《七绝·观潮》一首。“千里波涛滚滚来，雪花飞向钓鱼台。人山纷赞阵容阔，铁马从容杀敌回。”全诗形象、生动地刻画出江潮的丰富内涵，并引用铁甲战马将涌潮波涛连天、气贯长虹的壮景描绘得淋漓尽致，讴歌了祖国的大好河山。1994年经中共中央宣传部批准，在盐官建造毛泽东观潮诗碑亭。

在毛泽东观潮诗碑亭，不仅可以目睹海宁潮“壮观天下无”的自然奇观，而且还能感受历史的回溯。学生可通过观潮、读诗活动，亲近大自然，感受大自然的魅力，也能进一步走近伟人，增强民族自信心。

2. 金山卫城南门侵华日军登陆处

金山卫城南门侵华日军登陆处位于上海市金山区南安路。1984年3月，金山卫城日军登陆地点由上海市政府公布为“日本帝国主义侵略上海遗址纪念地”。1985年9月，金山县政府在此建亭立碑，对纪念地进行了修缮、扩建。

金山卫城南门侵华日军登陆处以历史资料、雕塑作品、建筑、影音等多种表现形式向人们叙述了那一段难以忘怀的历史。在这里可以感受抗日战士们英勇无畏、为国牺牲的爱国情操，更能让学生铭记那段悲惨的历史，勿忘国耻、砥砺前行。

3. 黄继光雕塑

黄继光雕塑是以中国人民志愿军“特级英雄”黄继光为题材创作的雕塑作品，位于四川省中江县的黄继光纪念馆内。在上甘岭战役中，黄继光挺身而出，用胸膛堵住敌人疯狂扫射的机枪眼，为部队开辟了胜利前进的道路，壮烈牺牲，年仅21岁。

黄继光雕塑生动刻画了黄继光堵枪眼的瞬间，展现出他的英勇无畏精神。雕塑的每一个细节都经过精心雕琢，力求还原黄继光的真实形象。黄继光雕塑不仅是艺术作品，更是革命历史的见证和革命精神的传承。它矗立在纪念馆中，供人们瞻仰和缅怀，激励着一代又一代人传承红色基因、弘扬革命精神。

通过瞻仰黄继光雕塑，不仅可以使学生更加深入地了解黄继光的事迹和精神，还能激发他们的爱国热情，引导学生铭记历史、缅怀先烈、珍惜和平。

4. 海宁市中山亭

海宁市中山亭位于浙江省海宁市盐官镇大东门外海塘边，占鳌塔西侧。民国时为纪念孙中山至海宁观潮而建，1987 年海宁市人民政府修葺。亭四柱式，混凝土结构，亭西平台围以铁栏，总面积 150 平方米。

（三）红色建筑小品与研学

1. 两者的关系

（1）红色建筑小品是研学的重要载体。

红色建筑小品分布在某些具有重要纪念意义的地方，以纪念某一事件或者人物。

（2）研学是提升红色建筑小品知名度的重要方式。

由于红色建筑小品散落分布，规模一般都比较小，难以凭借单独的力量吸引学生或者游客去观摩。因此大部分学生对红色建筑小品的熟悉度并不高。通过开展有秩序的、有规模的研学活动可以提升红色建筑小品的知名度。

2. 红色建筑小品研学课程开发的建议

（1）拓宽周围相关红色资源。

可以将红色建筑小品作为某一元素放入红色旅游路线中，既能丰富研学的内容，又能提高学生的审美能力，增加旅游吸引力。

（2）增强互动体验。

精致的雕塑，巧妙的装置，丰富的色彩，真实的体验，能够更好地抓住学生的好奇心，激发他们触摸、互动和体验，设计课程时可调动学生手、脑、口、耳、睛多种感官参与，在“好玩、好看”中好学。

微课

红色建筑小品研学课程开发

二、红色景观步道、甬道

（一）红色景观步道、甬道的含义

红色景观步道、甬道是指具有红色主题且用于观光游览行走而形成的小路。

（二）典型红色景观步道、甬道

1. 上海“一大”红色经典步道

2021年6月25日，由上海市交通委、上海市道路运输局和黄浦区政府联合打造的上海首条“红色经典步道”建成。步道以“历史的沉淀”和“未来的奋进”为主基调，设计长度7.1千米，呈“大环＋小环”形态。涉及的13条市政道路，将“中共一大”会址周边的14处红色遗迹遗址串珠成链、编织成网，引导市民游客在石库门里弄中探寻党的诞生历程。

红色经典步道设有品牌标识，设计灵感来源于上海路政标识及市花白玉兰。标识内部以抽象提炼的一条道路为核心，外围镶嵌七朵含苞待放的玉兰花，路面铺设也按一大七小形式排列，寓意“七一”，象征着开路先锋、奋发向上的精神。材质上采用低调、耐磨损的仿古铜和混凝土材料，在细节塑造上形成沉稳大气的风格样式。这些标识串联起“中共一大”会址附近各个重要革命遗址，更系统化地用道路的“无声语言”诠释了中国共产党的历史以及上海这座城市的发展史。

2. 红色记忆之路

“红色记忆之路”是浙江省海宁市长安镇的一条农村公路，路线呈阿拉伯数字“7”的形状，预示着党的诞生之日——7月1日。

“红色记忆之路”全长7.4千米，沿线往东串联了长安镇陆泽、兴城、兴福、德丰、东升五个村，通过沿线两侧合适路点打造相应结点，展现了1919年马克思主义传入中国直到1949年新中国成立的一些大事要事，形成了一条党建生态之路。从1919年到1949年，即马列主义引入中国至中华人民共和国成立的这一阶段，按照事件的时间顺序，党的主要事件都进行了一一展示。

“红色记忆之路”党建示范带集党建教育、观光休闲、健康宜行功能及美丽乡村创建等群团建设为一体，以点带线、以线成带、以带促面，一定程度上推动了基层党建从“盆景”到“风景”的转变。走完一条红色记忆之路，学生能够基本了解中国共产党如何从无到有、发展壮大，如何成立中华人民共和国的相关历史。

（三）红色景观步道、甬道与研学

1. 两者的关系

（1）景观步道、甬道是研学的重要载体。

景观步道和甬道所营造的空间氛围为研学创造了沉浸式体验环境。在静谧的步道、甬道中，学生可以亲身感受革命年代的厚重与庄严，极大地提升对历史文化的感知和理解，增强研学效果。景观步道、甬道形成了一条有序的知识传播路径，这种线性的游览方式，契合学生的认知逻辑，能够帮助他们更好地构建知识体系。

（2）研学是提升景观步道、甬道知名度的重要方式。

景观步道和甬道通过与研学深度结合，能够打造出具有特色的研学品牌，突出景观的历史文化内涵，形成独特的品牌形象。例如，推出以“红色记忆探索之旅”为主题的研学品牌，围绕景观步道、甬道设计一系列丰富的课程和活动，能够使该品牌在研学市场中脱颖而出。随着品牌知名度的提升，景观本身的知名度也会随之提高。

2. 景观步道、甬道研学课程开发的建议

（1）拓宽周边红色旅游资源。

可将红色步道、甬道设计成美丽乡村中的绿道体系，成为乡村旅游的参观景点之一，或以该步道、甬道为路线，将路线周边的红色景点串联起来形成整个红色旅游景区。

（2）注重绿色生态教育。

可以充分挖掘步道、甬道沿线自然、历史、人文资源，以守护绿色生态环境为主题，组织开展学生“走绿道，看自然”的研学活动，发现大自然的美好，培育生态文明意识。

（3）增强互动体验。

在研学活动开展的过程中，通过自然科普教育，让学生了解人与环境、森林与

水循环、森林与气候、植物群落分层数量与森林动物种类之间的关系，在天然物种基因库里，进行生物多样性调查等，增强学生与动植物、大自然的互动交流。

三、红色提水设施与水井

（一）红色提水设施与水井的含义

红色提水设施与水井是指曾专供红色活动使用的提水设施和水井。

（二）典型红色提水设施与水井

1. 瑞金红井

红井位于瑞金沙洲坝。1933 年，为了解决当地群众的饮水问题，由毛泽东同志带领挖成。1950 年，瑞金人民整修了这口井，并取名为“红井”，同时，在井旁立了一块木牌，上面书写着“吃水不忘挖井人，时刻想念毛主席”，以示沙洲坝人民对毛主席的怀念和感激之情，后又将木牌改为石碑。

知识链接

红井革命旧址群

通过走访沙洲坝，使学生了解如今当地人民发扬当年挖水井的精神，修水库，筑山塘，利用优质的地下水发展水产养殖，建起瓶装饮用水厂等事迹，引导学生为家乡建设发展而不懈努力。

2. 王震井

王震井位于鄂托克前旗城川镇黄海则村。1944 年，为了帮助当地老百姓解决人畜饮水困难，359 旅的指战员在王震将军的带领下，共同开凿出这口直径 1 米、深 20 米的水井。在水源缺乏的高粱地上能打出这一口泉水丰富的甜水井，可以说是一个奇迹。老百姓饮水思源，至今不忘王震将军领导的 359 旅的卓著功勋，一直亲切地称这口井为“王震井”。

王震井是军民鱼水情的见证。通过带领学生走进王震井纪念园，可感悟王震将军及 359 旅大生产运动的时代价值。在纪念园内，学生可参与红军餐的制作，以高粱米、南瓜、红薯为原料烹饪，再现“自己动手、丰衣足食”的画面，引导学生感受艰苦奋斗的优良作风。

3. 红岩水井

红岩水井位于重庆市三角镇红岩村。中共中央南方局暨八路军驻重庆办事处移驻红岩之初，饮用水要靠人从一两千米远的嘉陵江边去挑，十分吃力。为了解决用水问题，工作人员在山沟小溪旁挖了这口水井。水井水源充足，水质纯净，且四季不竭。

红岩水井是重庆重要的红色遗址之一，见证了当时我党在艰苦的生活环境下，仍积极面对生活、解决问题的心态。这种面对苦难仍旧苦中作乐的精神是青年一代宝贵的财富，指引当代学子在党的带领下继续发扬勇于面对挫折的品质。

（三）红色提水设施、水井与研学

1. 两者的关系

（1）红色提水设施与水井是研学的重要载体。

红色提水设施与水井的建造与修缮是军民鱼水情的见证。

（2）研学是促进红色提水设施与水井文化发展的重要平台。

这是新时代另一种军民鱼水情的体现。通过带领学生深入当地生活，聆听当时战士们为百姓付出的劳动和贡献，引导学生思考当下为人民服务的家国情怀。

2. 红色提水设施与水井研学课程开发的建议

（1）拓宽周边红色资源。

红色提水设施与水井作为一种单一的红色文化，难以形成红色文化资源群。因此应该注重周边红色文化资源的开发，做好文化挖掘，整合资源。

（2）丰富教学方式。

设计互动环节，如让学生尝试模拟挖井、挑水等活动，让他们亲身体验革命时期的艰辛；可制作关于红色水井的多媒体展示片，包括视频、动画、图片等，通过大屏幕或投影仪播放；利用虚拟现实技术重现历史场景，让学生仿佛置身于革命时期，更加直观地了解水井的挖掘过程和意义。

任务四 研学课程设计典型案例

“红旗渠”研学课程设计方案

本任务以红旗渠研学课程设计为例。20世纪60年代，在经济困难的情况下，10万河南林县人民以“重新安排林县河山”的决心，苦战十个春秋，在太行山悬崖峭壁上修成了总干渠全长70.6千米的“人工天河”——红旗渠，结束了林县十年九旱、水贵如油的苦难历史，形成了“自力更生、艰苦创业、团结协作、无私奉献”的红旗渠精神。诞生于社会主义建设时期的红旗渠精神，在全面建设社会主义现代化国家新征程中，仍将闪烁出更加耀眼的精神光芒，是实现中华民族伟大复兴的中国梦的精神路标。

红旗渠是第一批“全国中小学生研学实践教育基地”之一。红旗渠精神进校园，是为深化和更大价值发挥景区精神教育和素质教育的独特功能，更好地在新时代中小学生中间传承红旗渠精神。红旗渠风景区依托红旗渠独有的石工建筑、精神价值和太行山优美的自然山水景观等资源优势，结合国家素质教育的规划要求，针对全国中小学生致力打造出“中国青少年红旗渠研学之旅”精品研学旅行项目。根据红旗渠的历史背景与精神内涵，本次研学方案确定了“探寻特殊红旗渠基因，奋进强大精神原动力”的主题，主要面向初高中段学生开展活动。

一、“红旗渠”研学课程设计思路

本次研学活动旨在让学生体验当时艰苦环境下的红旗渠精神。当年修建红旗渠时，工地上山高坡陡，道路崎岖，独轮车就成了当时主要的运输工具。正是靠着这种推车精神，林县人前赴后继，推出了一条红旗渠，推出了十万大军出太行，推出了今日林州的美好生活。红旗渠是用一块又一块的石头砌成的。这一块又一块的石头又是修渠工人用开山锤和开石钻，一锤一钻凿成的。

“红旗渠”研学课程设计具有重要的意义。红旗渠研学活动首先是一种对历史和文化的传承。它作为当年林县人民在太行山上建造的一项重大水利工程，不仅解决了当地的严重缺水问题，更成为自力更生、艰苦创业、团结协作、无私奉献精神的象征。同时，红旗渠精神作为中国共产党人精神谱系的重要组成部分，历久弥新、永不过时，通过研学活动可以将其传承和发扬下去。

红旗渠研学活动有助于培养学生的社会责任意识。在研学过程中，学生们通过实地考察、亲身体验和互动研讨等方式，深刻感受到红旗渠建设者们在极端艰苦的条件下，为了改变家乡缺水的面貌而付出的巨大努力和牺牲。这种责任感和使命感将激励学生们在日常生活中更加关注社会问题，积极参与社会公益活动，为社会的发展和进步贡献自己的力量。

红旗渠的建设过程本身就是一种勇于创新的实践。面对恶劣的自然环境和艰巨的建设任务，林县人民敢于挑战、勇于创新，最终创造了人工天河的奇迹。通过研学活动，学生们可以学习到这种勇于创新的精神，并在日常生活中积极运用和实践。这种创新精神将推动学生们在未来的学习和工作中不断探索新的思路和方法，为实现个人梦想和目标而不懈努力。

红旗渠研学活动注重实践环节的设置，通过实地考察、体验学习等方式，让学生们在实践中学习和成长。这种实践教学方式不仅可以提升学生们的动手能力和实际操作技能，还可以培养他们观察、思考和解决问题的能力。同时，研学活动还可以锻炼学生们的团队合作精神和组织协调能力，为他们未来的学习和工作打下坚实的基础。

二、“红旗渠”研学课程目标设计

使学生了解“人工天河”——红旗渠的重要作用，感悟“自力更生、艰苦创业、团结协作、无私奉献”的红旗渠精神；在实践中了解生活、认识生活、体验生活情趣，明白现在美好生活来之不易，珍惜当下；明白团队与合作的关系，在提高自立能力的同时，又注重团队协作；通过实地考察，实地探索，进一步提升快速学习的能力和知识运用的能力，加强团队协作能力，增强观察、辨别、分析、推理能力和独立思考的能力；增强对当下生活的责任感，培养劳动意识、探究意识、团队意识。

三、"红旗渠"研学课程内容设计

本次课程具体包括三大内容。首先是走进红旗渠纪念馆，了解红旗渠建设故事和奋斗历程，在沉浸式学习中深刻感悟红旗渠精神；其次是观赏人工天河，通过场景还原、参与体验等寓教于乐的劳动实践活动，让学生在行走中阅读历史，在体验中感悟精神；最后是模型接力赛，学生以团队形式，再现当年修渠民众青春奋斗最美的模样。

四、"红旗渠"研学课程组织形式

"红旗渠"研学课程全程注重学生的参与和体验，培养学生的实践能力和创新思维，提高学生的综合素质，致力于为学生提供丰富、多样化的学习体验和实践机会，提高学生的团队合作精神和沟通能力。研学课程注重趣味性和体验性，以参与式、体验式、探究式的学习活动为主，通过参观纪念馆，运用 VR 智能技术，让学生在轻松愉快的氛围中增长知识、提高实践能力。课程内容由浅入深，环环相扣，以探究式学习为主。通过引导学生进行课题研究、探究性学习等方式，培养学生独立思考的能力和解决问题的能力，培养学生的创新思维和批判性思维。

五、"红旗渠"研学课程实施设计

（一）行前课

（1）提前分好小组（5 人一组并推选出组长）。

（2）明确研学目标（学习红旗渠精神）和研学任务（体验红旗渠建造过程中的坎坷历程，小组搭建红旗渠水利工程的模型）。

（3）做好研学实物和工具（例如独轮车、开山锤、太行石等）的准备。

（4）提前了解红旗渠水利工程的建造背景、历史、地理位置等相关知识。

（二）行中课

1. 教具清单

研学手册、笔、扩音器、独轮车、开山锤、红旗渠模型碎片等。

2. 安全隐患点

红旗渠景区人流量较大，学生需注意安全。在体验过程中，学生需注意使用独轮车等具有危险性的工具时，要在安全员和研学旅行指导师的指导下进行。在红旗渠模型搭建的过程中，可能会出现模型碎片分配不均的情况，学生不得出现争抢行为。

3. 研学活动设计

课程一：红旗渠是一堂思政课

<table>
<tr><th colspan="2">研学地点：红旗渠纪念馆</th><th colspan="3">研学时长：40 分钟</th></tr>
<tr><th>关键步骤</th><th>详细内容</th><th>学习方式</th><th>涉及学科</th><th>所需教具</th></tr>
<tr><td>融入情景</td><td>1. 提问：“世界第八大奇迹”是指哪一项世界级工程？
2. 引入：20 世纪 60 年代，林县（今林州市）人民以“重新安排林县河山”的决心，苦战十个春秋，在太行山悬崖峭壁上修建成了举世闻名的人工天河——红旗渠。红旗渠水利工程是在什么样的历史背景下修建的？
3. 分组：根据学生人数，将学生分为 5 人一组。</td><td>问答式学习</td><td>历史、地理</td><td>研学手册、笔、扩音器</td></tr>
<tr><td>明确主题</td><td>走进红旗渠纪念馆，学生可以了解红旗渠的建设故事和奋斗历程，在沉浸式学习中深刻感悟红旗渠精神。</td><td rowspan="3">参观式学习、体验式学习、探究式学习</td><td rowspan="3">历史、地理</td><td rowspan="3">研学手册、笔、扩音器、VR 眼镜</td></tr>
<tr><td rowspan="2">确认方案</td><td>第一步：学生以小组为单位，跟随纪念馆讲解员，有序参观红旗渠纪念馆，感受当年的艰苦环境。（完成研学手册）</td></tr>
<tr><td>第二步：学生戴上 VR 眼镜，更加真切地看到当年红旗渠修建过程中的艰苦环境，体会建造者们的不易与艰辛。</td></tr>
</table>

续表

关键步骤	详细内容	学习方式	涉及学科	所需教具
体验探究	以小组为单位，开展参观红旗渠纪念馆的活动，通过千年旱魔、红旗引领、太行丰碑、山河巨变、精神永恒五个展厅回顾当年的修渠历程。	参观式学习、体验式学习、探究式学习	历史、地理	研学手册、笔、扩音器、VR 眼镜
展示成果	以小组形式分享参观完纪念馆的感受。			
复盘评价	小组间评选出对红旗渠理解最深刻的成员。			

课程二：赏人工天河诗意，感悟红旗渠精神

研学地点：红旗渠景区		研学时长：40 分钟		
关键步骤	详细内容	学习方式	涉及学科	所需教具
融入情景	1. 提问：红旗渠的“咽喉”工程是哪一部分？ 2. 引入：青年洞是红旗渠总干渠的咽喉工程之一，位于林州市任村镇卢家拐村，从地势险恶、石质坚硬的太行山腰穿过。为早日将漳河水引入林县，300 名青年组成突击队，艰苦奋斗一年零五个月，终于将洞凿通。今天我们将推一把独轮车，抡一回开山锤，抬一次太行石，体验当年建造者的建造过程。	问答式学习	历史、地理	研学手册、笔、扩音器
明确主题	通过场景还原、参与体验等寓教于乐的劳动实践活动，学生能够在活动中更加深刻体会建造者不畏艰辛、百折不挠的精神。			
确认方案	第一步：研学旅行指导师讲解趣味接力赛的规则与流程，学生分好小组后，分配好三个环节（推一把独轮车，抡一回开山锤，抬一次太行石）的比赛成员，做好准备，看看最后哪个小组接力赛用时最少。	体验式学习、探究式学习	科学、地理、实践实操	研学手册、笔、扩音器、独轮车、开山锤、太行石
	第二步：“推一把独轮车”的学生以小组为单位，通过推车体验、推车比赛等多种形式，还原当年修渠的艰辛和执着的情景，领略“后边来的要往前边放”推车精神的精髓。			
	第三步：“抡一回开山锤”的学生以小组为单位，体验当年修渠项目之一的凿石，让学生明白荒石变成料石、绝壁变成长渠的艰难过程，在攻坚克难后获得成就感。			

续表

关键步骤	详细内容	学习方式	涉及学科	所需教具
确认方案	第四步：“抬一次太行石”的学生以小组为单位，用铁绳抬“太行石”，体验当年建造者的刚毅和艰辛，这可以激发学生的勇气，启发学生的智慧，彰显团队精神。	体验式学习、探究式学习	科学、地理、实践实操	研学手册、笔、扩音器、独轮车、开山锤、太行石
体验探究	以小组合作的形式，开展趣味接力赛的研学活动，通过这个活动，学生能够感受到当年修渠之艰苦。			
展示成果	比较各小组接力赛的用时长短，以及接力赛过程中的完成情况，学生是否认真体验。			
复盘评价	第一步：组内互评，小组成员评选出出力最多、体验最深刻的同学。 第二步：老师评价，研学旅行指导师根据各小组表现，对各小组进行打分。			

课程三：红旗渠是一堂奋斗主题课

研学地点：红旗渠景区		研学时长：40 分钟		
关键步骤	详细内容	学习方式	涉及学科	所需教具
融入情景	1. 引入：红旗渠重中之重的是精度，取水地的源头比下端高 14.7 米，但是整个路程的长度达 70 多千米，也就是说，每 8 000 多米的高度差要控制在 1 米以内，八千分之一的坡度精度，这在当时是如何实现的呢？ 2. 观看视频：观看《红旗渠》纪录片。	问答式学习	历史、地理	研学手册、笔、扩音器
明确主题	通过模拟搭建红旗渠水利工程，学生能够进一步知道建造者是如何克服重重难关最终获得成功，并且学生也能够体会到团结协作的重要性。			

续表

关键步骤	详细内容	学习方式	涉及学科	所需教具
确认方案	第一步：研学旅行指导师根据课程二中接力赛的用时长短为各小组分发模型碎片，安全员告知搭建过程中需注意的安全事项。	体验式学习、探究式学习	科学、地理、实践实操	研学手册、笔、扩音器、红旗渠模型碎片
	第二步：各小组领取到模型碎片后，开始搭建部分红旗渠模型。			
	第三步：各小组搭建完部分红旗渠模型后，所有学生齐心协力将每小组的模型拼凑在一起形成最终完整的红旗渠模型，体现红旗渠精神中的“团结协作”。			
	第四步：红旗渠模型搭建成功后，对其进行引水，判断模型搭建得是否成功。			
体验探究	以小组合作的形式，开展红旗渠模型的搭建活动，各小组搭建的部分红旗渠模型在最终拼凑出一个完整的红旗渠模型。			
展示成果	各小组首先展示其搭建的部分红旗渠模型，最后展示由每小组的模型拼凑起来的完整的红旗渠水利工程模型，并展示红旗渠水利工程的运行方式。			
复盘评价	第一步：组内互评，小组成员对组内其他成员进行打分。 第二步：老师评价，研学旅行指导师根据各小组表现，对各小组进行打分。			

六、“红旗渠”研学课程评价设计

（1）全面评估学生在研学过程中的学习成果、能力提升以及情感态度等方面的表现。

（2）考查学生对红旗渠建设历史、背景、意义等方面的了解程度。

（3）学生在研学过程中能否有效进行实地考察，观察并记录相关信息。

（4）在研学活动中，学生是否与团队成员共同完成任务，其团队协作能力是否得到提升。

（5）面对研学过程中出现的问题，学生能否独立思考、提出解决方案并付诸实践。

（6）考查学生对红旗渠精神的理解程度及认同度，评估学生是否增强了社会责任感。

（7）鼓励学生在研学过程中提出新观点、新方法，评估其创新思维的发展情况，引导学生对研学内容进行批判性思考。

“红旗渠”研学课程的研学评价表设计如下：

“红旗渠”研学课程的研学评价表

<table>
<tr><th colspan="2">评价内容</th><th>自评</th><th>互评</th><th>导师评</th></tr>
<tr><td rowspan="3">参与态度</td><td>1. 积极参与活动。</td><td></td><td></td><td></td></tr>
<tr><td>2. 主动回答问题。</td><td></td><td></td><td></td></tr>
<tr><td>3. 不怕困难和辛苦。</td><td></td><td></td><td></td></tr>
<tr><td rowspan="3">团队协作</td><td>1. 主动与同学配合。</td><td></td><td></td><td></td></tr>
<tr><td>2. 乐于分享和帮助同学。</td><td></td><td></td><td></td></tr>
<tr><td>3. 倾听同学的建议。</td><td></td><td></td><td></td></tr>
<tr><td rowspan="3">活动实施</td><td>1. 有浓厚好奇心，不断主动思考并提问。</td><td></td><td></td><td></td></tr>
<tr><td>2. 当小组遇到问题时，能主动提出合理的解决办法。</td><td></td><td></td><td></td></tr>
<tr><td>3. 主动分享、说出自己的想法。</td><td></td><td></td><td></td></tr>
<tr><td rowspan="5">知识掌握</td><td>1. 能说出红旗渠为什么要建造分水闸及其原理。</td><td></td><td></td><td></td></tr>
<tr><td>2. 能说出建造分水闸为当地人民解决了什么问题。</td><td></td><td></td><td></td></tr>
<tr><td>3. 这项水利工程为什么取名“红旗渠”？红旗渠在建设过程中遇到了哪些问题？</td><td></td><td></td><td></td></tr>
<tr><td>4. 能说出红旗渠的建成有什么历史意义？又有什么现实意义？</td><td></td><td></td><td></td></tr>
<tr><td>5. 能说出有哪些人为红旗渠的建设作出了巨大的贡献。</td><td></td><td></td><td></td></tr>
</table>

注：请在自评、互评和导师评相应位置填写评价等级，如优秀、良好、合格。

闯关训练

【思考与练习】

1. 请列举几个你熟悉的红色建设工程与生产地。

2. 如果让你为学校设计一次红色军事遗址研学活动，你最想设计哪些方面的内容?

3. 请选择感动你的某一段历史、某一位英雄或某一处红色军事遗址，撰写一段纪念文字。

4. 如果让你设计一个“军民一家亲”的红色故事分享会，你认为可以包括哪些内容?你会如何组织这次分享会?

5. 在红色建筑与设施课程的设计中，如何融入现代技术手段?

【能力训练】

<table>
<tr><td>实训主题</td><td colspan="2">红色军事遗址研学课程设计方案提升综合实训</td></tr>
<tr><td>实训目标</td><td colspan="2">1. 深入了解红色军事遗址的概念、现状。
2. 体会革命先烈做出的牺牲与贡献。
3. 通过分组合作，提升学生的团队协作精神和沟通能力。
4. 通过实际操作，提高学生的项目管理能力和解决问题的能力。</td></tr>
<tr><td rowspan="2">实训内容</td><td>1. 任务背景</td><td>通过江苏省南京市某小学老师对本校 1～3 年级学生进行红色文化知多少的知识竞答了解到，50%以上的学生对于本市有名的红色景点知之甚少。在此背景下，学校方面亟须对学生整体开展红色研学方面的主题活动，了解红色军事遗址的现状、该遗址产生的历史背景，本地曾出现过哪些有名的抗战英雄等。
学校希望能邀请南京市某高校研学老师设计组织一系列红色研学活动，帮助学生更好地理解红色文化，增强感恩情怀。</td></tr>
<tr><td>2. 理论学习</td><td>①组织学生观看革命遗址短视频《闪光的足迹》，了解李兆麟、杨靖宇等英雄在哈尔滨的革命活动遗址。
②组织学生观看《红色印记：中国革命遗址全书》，了解各地区革命遗址的历史与著名抗战人物。</td></tr>
</table>

续表

实训内容	3. 研学方案设计	以小组为单位，要求学生为南京市内的红色景点设计一条切实可行的路线，必须将方案需要花费的时间、车程、经费等作详细说明。要将至少一处的红色军事遗址设计进路线中。完成后，每个小组手绘制作路线图，并且上台进行成果展示。
	4. 模拟实施	将学生分成若干小组，每个小组推选一名组长负责整个项目的实施和管理工作。各小组按照设计方案进行模拟实施，观察方案的可行性和实际效果。
	5. 分析与优化	路线制作结束后，对整个过程进行总结分析，找出存在的问题和不足之处，提出改进措施。同时，针对实际效果对设计方案进行优化调整。
	6. 成果展示	每个小组将自己的研学设计方案进行展示，向其他小组和教师汇报实施过程和成果，分享经验和教训。
实训要求	1. 学生应在规定的时间内完成理论学习和研学方案设计，按时参加模拟实施、分析和优化环节。 2. 学生应以小组为单位进行讨论和分工合作，确保每个成员都参与到整个过程中。 3. 学生应积极思考、主动参与，提出自己的观点和建议，发挥自己的专业优势。 4. 教师应对学生的研学设计方案进行全程跟踪并指导，及时给予建议和反馈。	
实训评价	1. 按时完成：考查学生是否在规定的时间内完成各项任务，评价学生的时间管理和计划能力。 2. 小组合作：观察小组成员间的分工与合作情况，评价学生的团队协作能力和精神。 3. 积极参与：考查学生在整个实训过程中是否积极主动地参与各项活动，评价学生的主动性和投入程度。 4. 反馈与建议：鼓励学生提出自己的观点和建议，评价学生的思考能力和解决问题的能力。	

实训评价表

项目	标准	分值（分）	自评（20%）	互评（50%）	导师评（30%）	总评
研学课程方案理解和准备	对研学任务有清晰明确的理解，理解任务背景和要求。	10				
	能够积极参与到红色军事遗址出版物的阅读和影视作品的观看中，理解深入、见解独到。	10				

续表

项目	标准	分值（分）	自评（20%）	互评（50%）	导师评（30%）	总评
研学课程方案设计	方案名称具有创意和吸引力。	15				
	研学目标明确。	15				
	教学重难点恰当，安全隐患考虑周全。	15				
	活动流程完整且合理。	15				
研学课程方案模拟实施	小组配合默契，能够积极参与讨论、分工协作、沟通协调。	10				
	成果展示清晰明了，能向其他小组和教师明确表达实施过程和成果。	10				

模块四

红色文化纪念品课程设计

学习目标

知识目标

掌握红色文化纪念品的种类、特点和意义，提高对红色文化纪念品的鉴赏能力。

技能目标

能够通过“南湖画舫”研学课程设计掌握其他红色文化纪念品研学课程的开发和设计。

素养目标

1. 培养良好的思想品德和爱国情怀，弘扬爱国主义精神，增强民族自豪感和自信心。
2. 增强文化自信，为实现中华民族伟大复兴的中国梦贡献力量。

模块重点

1. 红色文化纪念品的含义及现状。

2. 典型的优秀红色文化纪念品。

3. 对红色文化纪念品进行研学课程的开发和设计。

思维导图

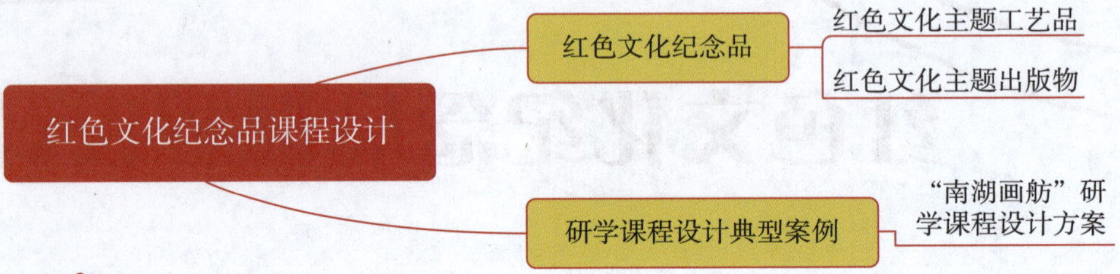

案例引入

“传承千年窑火，弘扬陶瓷文化，解读人与自然关系”1日研学方案

【研学目标】

知识目标：学生学会观察、描述陶瓷的基本特征；辨别陶瓷的类型（实用陶瓷与摆设陶瓷的区别）。

思维目标：通过展馆认识动物和植物，引导学生发言，描述动植物外部的主要特征。

能力目标：通过参观文化遗迹完成定向任务，分享感想，迁移联想，培养文化探索的能力。

技能目标：体验美食 DIY 提升动手能力，陶瓷 DIY 玩转指尖艺术。

【课程实施方案】

1. 快乐起航

早上 7:30 在指定地点集合，愉快的研学旅行活动开始了。

2. 陶瓷文化体验（8:30—9:30）

（1）全国最大县级陶瓷博物馆。

（2）学习陶瓷文化知识。

（3）徜徉于瓷艺天地。

3. 人与自然（9:40—11:30）

通过影片《绿色瓷都》认识动物和植物，引导学生发言，描述动植物的外部主要特征。

4. 品尝美味午餐（12:00—13:00）

5. 瓷厂小工（13:00—15:00）

化身陶瓷小工（体验手拉坯+手绘），从泥土开始认识陶瓷，用专业的羊角揉泥法打开陶瓷制作之门，跟随师傅端坐转轮前，在推、拉、收、放中握土成器，在周而复始运转的转盘上取下的是器物，观到的是自己。心怀中国梦，手绘爱国情，弘扬红色文化，践行红色精神。

6. 探秘古窑（15:30—16:30）

(1) 走进月记窑，聆听《智慧人类》故事，畅谈个人观点。

(2) 动手画一画古窑。

7. 再见山城，再见研学旅行基地（16:30）

满载收获乘车返回。

【想一想】

在对红色文化纪念品进行研学课程设计的时候有哪些注意要点？

任务一 红色文化纪念品

动画

红色文化主题工艺品展览室

一、红色文化主题工艺品

（一）红色文化主题工艺品的含义

能够表现红色文化主题的书画、陶瓷、金石雕刻、雕塑、纸艺及灯艺、服饰和家具等手工艺品称为红色文化主题工艺品。这些工艺品形式多样、内涵丰富，蕴含着深厚的民族精神和时代精神，展现出了红色文化的独特魅力。

红色文化主题工艺品既具有历史价值，也具有艺术价值，是传承红色文化的重要载体。

红色着装（图片来源：嘉兴职业技术学院胡晓琴老师）

（二）红色文化主题工艺品现状

红色文化主题工艺品作为文化创意产业的重要组成部分，在各地红色文化资源的基础上，已经开发出了大量具有特色、深受消费者喜爱的红色文创产品。目前存在如下一些问题。

1. 缺乏独特性和创新性

当前，红色文化主题工艺品同质化现象严重，不同景区、历史纪念馆等所推出的文创产品在类型和创意上趋于一致。

2. 缺乏技术性和艺术性

工艺品作为一种经过艺术化处理的日用品，应该以其造型、外观和颜色搭配等方面的艺术性来吸引旅游者的目光。一个好的工艺品应该在视觉上产生强烈的冲击力，让人们感受到它的美丽。目前的红色文化主题工艺品在这方面仍有待提高。

3. 缺乏民族性和地方性

红色文化主题工艺品应该体现本地文化，具有民族风格和地方特色，这样才更有纪念意义。当前，一些工艺品企业并没有做到对特定的红色旅游景区进行深入分析，没有将特有的红色文化与不同地域文化相融合，从而形成了“泛红色”文创产品。如果红色文化主题工艺品不能彰显红色景区的特殊属性，那么旅游文化所渗透的爱国事迹将不能得到有效展现。

为了提高红色文化主题工艺品的独特性、创新性、技术性和艺术性以及民族性和地方性，需要进一步加强对红色景区文化的深入挖掘和创新应用，结合当地特色和红色文化元素，打造出具有差异化和特色的红色文化主题工艺品。同时，也需要注重工艺品的艺术性和技术性，提高其审美价值和吸引力。只有这样，才能更好地推动我国文化创意产业的发展，传承和弘扬红色文化。

红色文化主题工艺品的市场规模相对较小，这也限制了其产业发展的潜力。另外，文创产业的法律法规和标准体系也需要完善，相关政策的落实和执行力度也需要加强。总体来说，红色文化主题工艺品的研发和推广已经取得了一定的进展，但仍然面临一些挑战和问题，需要进一步完善和提升。

（三）典型红色文化主题工艺品

1. 红船

动画

红船的构造

红船模型是一个工艺品名称，它源于南湖红船的历史典故，表达了对中国共产党的诞生和革命事业的敬意。红船的工艺品一般采用椴木等优质木材制成，传统制作技艺包括浮雕、镂雕、榫卯结构等。船体上通常会雕刻有精细的花纹和图案，如南湖红船的船体上雕刻有精美的花鸟、山水等传统中国画元素，表现出中华优秀传统文化的特色。1921 年 7 月，中国共产党第一次全国代表大会从上海迁移至嘉兴南湖一艘画舫上继续举行，郑重宣告了中国共产党的诞生。此画舫因此荣获一个载入我国革命史册的名称——红船，视为中国革命起源的象征。

红船不仅具有观赏价值，更是一个具有历史和教育意义的纪念物。

2. 红船劈波行

红船劈波行是用织锦艺术中的金丝银线织出的一款红色文创产品，作品利用木刻水印的方法印出了有力的线条，勾勒出了船体和水波，具有视觉动感的线条则表现了红船经过革命大潮之后依旧徐徐前行，永不停泊。嘉兴市技能大师江锐团队和海盐盐田织彩有限公司历时半年开发打造该产品，采用了 6 种颜色的纱线共计 4 098

针、5 825 梭的高精细数码提花像景织造技术。作品将 2 项国家级非遗做了很多活化传承，体现了艺术设计与织造技术的融合新高度。

红船劈波行木刻水印（图片来源：嘉兴职业技术学院江锐老师）

红船劈波行汶川产品（图片来源：嘉兴职业技术学院江锐老师）

红船模型（图片来源：浙江南湖文化旅游集团有限公司）

3. 延安纸雕灯

延安纸雕灯是延安旅游集团旗下延安故事文化创意有限公司设计的一款文创作品。此文创作品以宝塔山为蓝本，选用特种纸张并运用激光雕刻技艺，通过纸张层叠，塑造出宝塔山的立体景象。当夜幕降临，点亮纸雕灯，宛如月光般的光芒穿越苍穹，洒向宝塔山。宝塔与水面的暖色调交相辉映，既提供了优良的照明环境，又赋予了一丝庄严与肃穆的气氛，实现了实用性与观赏性的有机结合。

延安纸雕灯

（四）红色文化主题工艺品与研学

1. 两者的关系

（1）红色文化主题工艺品是研学的重要载体。

这些工艺品通常反映了某个特定历史时期的文化、社会和政治环境，对于学生了解历史、学习红色文化具有重要意义。通过观察和解读这些工艺品，学生可以在实践中了解历史事件、学习革命精神，能够提高自己的文化素养和审美能力。

微课

红色文化主题工艺品与研学的关系

（2）研学是促进红色文化主题工艺品传承和发展的重要途径。

研学可以帮助学生了解和掌握红色文化主题工艺品的制作方法和技巧，为工艺品的传承和发展提供支持和帮助。

红色文化主题工艺品和研学是相互促进、相互发展的关系。将红色文化主题工艺品融入研学活动中，可以更好地传承和发展红色文化，同时也能够丰富研学活动的内容和文化内涵，提高研学效果。

2. 红色文化主题工艺品研学课程开发的建议

微课

红色文化主题工艺品研学课程开发

红色文化主题工艺品可以作为研学课程开发的重要资源，通过设计相应的课程和活动，让学生深入了解红色文化的内涵和价值，同时培养学生的文化自信和爱国情怀。开发针对红色文化主题工艺品的研学课程时，可从以下几方面进行考虑：

（1）挖掘文化内涵。

文化背景研究：在课程开始阶段，介绍红色文化主题工艺品的背景和历史，包括其发展历程、特点、制作方法和传承方式，这有助于学生深入了解红色文化主题工艺品的价值和意义。

讲述革命故事：在课程中穿插革命故事讲述，如红军长征、井冈山革命等，这有助于学生深入了解红色文化。

艺术鉴赏：通过展示红色文化主题工艺品的代表性作品，指导学生如何欣赏和分析这些作品，提高学生的艺术鉴赏能力和审美水平。

（2）丰富教学方式。

可采用实地考察方式，组织学生到红色文化遗址、博物馆或工艺品生产地进行实地考察，让学生亲身体验和感受红色文化主题工艺品的制作过程，加深对工艺品制作的认识和理解。还可以组织学生到社区、学校等场所进行红色文化主题工艺品的展示和宣传活动，将红色文化传播给更多人，并增强学生的团队协作能力和社会实践能力。

（3）增强互动体验。

在课堂上设置互动环节，让学生亲手制作红色文化主题工艺品，如编织草鞋等。这将有助于学生掌握制作红色文化主题工艺品的技能，并增强对工艺品制作的乐趣和感受。可以利用现代科技手段，如数字化技术、VR/AR 技术等，将红色文化主题工艺品的制作过程进行数字化呈现，让学生通过虚拟现实技术体验工艺品的制作过程，增强课程的趣味性和互动性。

（4）创新评价方式。

对学生的研学成果进行评价的方式应该多元化，除了传统的考试方式，还可以采取作品展示、小组讨论、个人陈述等方式进行评价。同时，也可以邀请当地的工艺大师、专家学者对学生的作品进行评价指导，以更好地促进学生工艺品制作技艺的提高。

二、红色文化主题出版物

动画

红色文化主题出版物

（一）红色文化主题出版物的含义

红色文化主题出版物是指表现红色文化主题的书籍、图册和音像制品等。通过对中国革命历史、文化和精神的赞美和传承，向读者传递浓厚的民族精神和文化自信。这些表现红色文化主题的出版物，以其深刻的思想内涵、鲜明的艺术风格和高度的历史价值，成为中国文化产业的重要组成部分。

微课

红色文化主题出版物的含义与现状

（二）红色文化主题出版物现状

红色文化主题出版物作为红色文化的重要表达和载体，是传承和弘扬红色文化的重要媒介。这些出版物的内涵通常涵盖中国共产党领导中国人民在各历史时期为实现梦想而奋斗的故事，主角可以是个体或群体，包括党员干部、人民群众、人民团体、人民军队等。

红色文化主题出版物不仅要展现中国人民在党的领导下“站起来”的故事，让人们了解新中国从何而来、如何发展至今，更要讲述“富起来”和“强起来”的故事，使人们认识到今日幸福生活的来源以及未来中国的发展方向。这些故事对于激发人们的爱国热情、传承红色文化精神、推动国家繁荣发展具有重要意义。

1. 红色文化主题出版物的内容和题材

红色文化主题出版物主要围绕红色文化所具体体现的各个历史时期中的“人、物、事、魂”。这四个层面构成了我们挖掘红色文化主题出版物的四个重要方向，它们彼此之间具有紧密的逻辑联系，并蕴含着极为丰富的红色文化主题出版资源。

（1）“人”。

“人”指革命志士、革命烈士、英雄模范和时代楷模等。如图书《长征路上的“红小鬼”》《100 位科学家的中国梦》《脊梁》《张桂梅》等。

（2）“物”。

“物”则主要是指革命志士、革命烈士、英雄人物曾经使用过的物品，还包括他们曾经战斗过和生活过的革命旧址、历史遗存和纪念场所等。例如，图书《根据地——共产党人不能忘却的记忆》《为了新中国——革命烈士纪念碑碑文敬读》等。

红色文化主题出版物《陈云文选》（图片来源：嘉兴职业技术学院陆明华老师）

（3）“事”。

“事”主要指的是具有重大影响力的革命活动或历史事件，以及感人至深的英雄事迹或党史故事等。例如，图书《信仰的力量——中国共产党人的家国情怀》《真理的味道非常甜》等。

（4）“魂”。

“魂”则体现为中国共产党人的精神谱系。2021 年，党中央批准了第一批纳入中国共产党人精神谱系的伟大精神，这些精神，集中彰显了中华民族和中国人民长期以来形成的伟大创造精神、伟大奋斗精神、伟大团结精神、伟大梦想精神，彰显了一代又一代中国共产党人“为有牺牲多壮志，敢教日月换新天”的奋斗精神。例如，图书《读懂“红船精神”》以及《“红色精神 百年传承”连环画微动画》等。

红色文化主题出版物《红船故事》（图片来源：浙江南湖文化旅游集团有限公司）

2. 红色文化主题出版物的特点

（1）出版形式个性化。

各家出版社针对不同受众，推出多种红色文化主题的读物，包括绘本、立体书、连环画、画册、音像制品和电子书等。如《红色经典连环画》（全 47 册）等。

（2）内容题材多元化。

红色资源在内容和题材上得到充分挖掘和运用，包括严谨的学术读物和可读性强的通俗化读物。如《火种：寻找中国复兴之路》，以及根据革命文物和红色家书创作的红色文化读物，如《红色传家宝》。还有针对革命遗址的红色读本，以及歌颂革命和建设时期英雄和功勋人物的作品。

（3）传播手段立体化。

各出版社采用新形态的形式，针对不同读者对象推出可视、可听、可感的读物。如以《革命者》一书为底本的党课上线多个平台，有的出版社还与央视合作录制微党课等，以“图书＋影像”形式拓展传播渠道。

（三）典型红色文化主题出版物举例

1.《觉醒年代（青少插图版）》

《觉醒年代（青少插图版）》以 1915 年至 1921 年中国共产党成立期间的历史为

背景，主要讲述了以陈独秀、李大钊等为代表的中国先进知识分子的思想觉悟与探寻救国之路的过程。这本书再现了新文化运动、五四运动和中国共产党成立的这段波澜壮阔的历史，再现了一百年前中国先进知识分子和青年学生追求真理、坚持理想的澎湃岁月。

与原版小说相比，青少插图版的内容更为生动，文字更加精练，并配有水墨插图，更适合青少年阅读。这本书旨在帮助青少年更好地了解这段建党前史，理解伟大建党精神。

2022年9月15日（《新青年》创刊纪念日），本书在由浙江出版联合集团、中共嘉兴市委宣传部主办，浙江人民美术出版社、南湖革命纪念馆承办的“守好红色根脉，书写青春华章”红色经典阅读活动启动仪式上首发。

2. 乐乐趣立体书“自信少年读经典立体绘本”系列

乐乐趣立体书“自信少年读经典立体绘本”系列是一套主题出版立体绘本，特别选取了四个经典党史故事，包括《黄河边的民族强音》《白求恩大夫》《为人民服务》和《南泥湾的故事》。这些故事用朴实无华的语言向孩子们娓娓道来，通过生动的叙述和3D立体场景呈现，旨在培养少年儿童爱党爱国的意识，帮助他们了解更多党的光荣历史，并建立民族自信、文化自信。此外，该系列还特别强调了每个故事中的主人公所体现出的精神，如南泥湾精神、白求恩精神、张思德精神和黄河精神等，这些精神对孩子们的成长有着积极的影响。

3. 红色文化启蒙教育电视动画系列片《红游记》

《红游记》是一部以红色文化启蒙教育为主题的电视动画系列片。《红游记》把红军长征途中发生的故事作为创作素材，真实地再现了红军长征所经历的恶劣自然环境、艰苦卓绝的战斗场面和红军战士们英勇顽强、不屈不挠的精神风貌。同时，该片结合现代动画技术，将红军长征途中的战斗、行军、生活等场景表现得更加生动、真实、感人，让观众在欣赏动画的同时，接受红色文化的熏陶和教育，具有很强的教育意义和观赏价值。此外，《红游记》还以小动物为动画主角，通过他们的故事展现红色文化精神。例如在长征途中为小动物提供了帮助的小红军战士们，小动物们也用自己的方式帮助小红军战士解决了许多困难。这些小动物们的出现，不仅丰富了动画片的角色形象，也让观众更加深入地理解了红色文化中的互助、友爱、奉献等精神。

4. “图说中国革命胜利之路”系列图书

“图说中国革命胜利之路”系列图书是由陕西人民美术出版社邀请党史研究专家执笔，推出的系列图书。系列图书包括《图说延安》《图说井冈山》《图说瑞金》《图说西柏坡》等。

（四）红色文化主题出版物与研学

1. 两者的关系

微课

红色文化主题出版物与研学的关系

红色文化主题出版物与研学之间存在着密切的联系。

（1）红色文化主题出版物是研学的重要资源之一。

红色文化主题出版物包括书籍、报刊、音像制品等，记录了革命历史和英雄事迹，为研学提供了宝贵的教育资源。通过阅读红色文化主题出版物，学生可以深入了解革命历史和文化，增强爱国主义情感和革命传统教育，从而更好地传承和弘扬红色文化。

（2）研学是红色文化主题出版物的重要推广平台。

研学是一种综合性的教育方式，通过组织学生参加实践活动、考察调研、交流研讨等方式，能够促进学生综合素质的发展。在研学过程中，学生可以深入了解当地红色文化资源和历史背景，加深对红色文化的认识和理解。同时，通过与教师、专家、学者的交流和研讨，学生可以更深入地了解红色文化的内涵和价值，提高自己的思想觉悟和文化素养。

（3）红色文化主题出版物与研学相互促进、共同发展。

一方面，红色文化主题出版物的出版和发行需要不断改进和完善，以更好地适应研学教育的需要；另一方面，通过研学活动的推广和实施，可以促进红色文化主题出版物的销售和扩大其影响力。同时，在推广研学活动的过程中，也可以发现和解决红色文化主题出版物存在的问题和不足之处，进一步促进此类出版物质量的提高。

2. 红色文化主题出版物研学课程开发的建议

红色文化主题出版物与研学课程开发可以相互促进，通过将出版物的内容和研学课程结合，可以更好地推广红色文化、促进文化传承。

(1) 深入挖掘出版物中的红色文化元素。

研学课程可以从出版物中提炼出红色文化的核心价值观，如革命精神、爱国主义精神等，通过深入挖掘和解读，使学生更好地理解和传承这些价值观。

(2) 以出版物为蓝本设计研学课程的内容和活动。

可以依据出版物的故事情节、人物形象等元素，设计相应的课程内容和活动，如小组讨论、角色扮演等，使学生更深入地了解出版物所传递的思想和价值观。

(3) 结合出版物的特点创新研学课程的教学方式。

可以利用多媒体资源、网络平台等手段，将出版物中的情节、人物等元素以更加生动、形象的方式呈现出来，帮助学生更好地理解和掌握课程内容，同时也可以增强学生的学习兴趣和参与度。

任务二 研学课程设计典型案例

“南湖画舫”研学课程设计方案

本任务以南湖画舫（也称“红船”）研学课程设计为例。红船是一种具有深厚历史和文化内涵的模型，其原型来源于中国共产党的重要历史事件。这个模型以南湖红船为基础，再现了中国共产党成立初期的那段历史。

红船是中国共产党第一次全国代表大会转移到浙江嘉兴南湖的红船上继续会议的象征，被视为中国共产党的“母亲船”。

南湖画舫模型是这艘历史名船的缩小版。制作过程中，制作者会精心模拟红船的各个细节，包括船体结构、船帆、船舱等，以尽可能地还原其历史原貌。模型制作材料多为木头，且制作难度较大，需要制作者具备较高的手工艺技能。

南湖画舫模型不仅是一件工艺品，更是一件具有深远历史意义和教育意义的艺术品。它让人们能够更直观地了解中国共产党的历史，感悟那个特殊的历史时期。因此，这种模型常常被用于历史教育、红色旅游等领域，成为一种独特的文化载体。

南湖画舫模型是集历史、文化、艺术于一体的独特模型，它以其精湛的制作工艺和深刻的历史内涵，深受人们的喜爱和尊重。根据红色文化纪念品研学课程开发的建议，设计了“历史的触摸，革命的启蒙——红船模型制作体验”研学课程，面向群体为小学四五年级学生。

一、“南湖画舫”研学课程设计思路

红船是红色文化的珍品，见证了中国革命的英勇岁月。红船上的木板、钉子及其颜色（红色）都承载着感人故事和革命精神，人们通过红船可感受到红色文化的深厚底蕴、巨大力量和无限魅力。南湖红船也吸引了众多游客前来缅怀历史，品味红色文化，寻找信仰与力量。

红船模型制作研学课程的意义不仅在于提高学生的动手能力和创造力，更在于通过这一系列课程，让学生深入了解中华优秀传统文化和建党历史，培养他们的爱国情怀和民族自豪感。

在制作红船模型的过程中，学生需要仔细研究红船的历史背景、特点及构造，了解其在中国革命历史中的重要地位。这种深入了解历史文化的教育过程，能够使学生更加深刻地认识到中国革命的艰辛与伟大，激发他们对祖国的热爱和敬仰。

红船模型制作也是一次极好的美育实践。通过手工制作，学生能够发现美术与生活的联系，体验到美术的实用价值。同时，他们也能在制作过程中感受到美的存在，发现自然之美、艺术之美，从而提高审美情趣和艺术修养。

红船模型制作还是一次团队合作的机会。在制作过程中，学生需要相互协作，共同解决问题，这不仅能够培养他们的团队合作精神，还能提高他们解决问题的能力。

二、“南湖画舫”研学课程目标设计

通过学习红船的历史和故事，了解中国共产党成立的历史和意义，加深对“红船精神”的内涵和价值的理解，提高爱国情怀和增强文化自信；通过制作红船，了解红船的基本结构知识，掌握船模制作的基本技能，提高动手能力和团队协作精神，培养学生的创新思维和实践能力；通过探索红船画舫的特征，感受江南船文化的魅力，提高审美素养和人文素养。

三、“南湖画舫”研学课程内容设计

本研学课程具体包括两项内容：历史的触摸——红船历史与文化探索，革命的启蒙——红船模型制作体验。活动内容的编排遵循由浅入深、循序渐进的原则，旨在让学生在参与中体验，在体验中感悟，在感悟中成长。“历史的触摸——红船历史与文化探索”部分，将通过讲解、观看视频、互动问答等形式，引导学生深入了解红船的历史背景、文化内涵以及“红船精神”；“革命的启蒙——红船模型制作体验”部分，则通过动手制作红船模型，让学生亲身感受红船的魅力，并在制作过程中培养团队协作精神和创新思维。两项内容相互补充，共同构成了本课程的核心内容。

四、“南湖画舫”研学课程组织形式

本课程的核心在于通过实践活动来学习，注重将知识与实际操作相结合。课程的组织方式多样，涵盖了理论讲解、现场学习、小组交流和亲手制作红船模型等环节，目的是让学生们能够全面认识和理解红船的历史背景及其在红色文化中的重要地位。

五、“南湖画舫”研学课程实施设计

（一）行前课

1. 红船历史的背景知识

（1）介绍中共一大的历史背景和会议的重要性。

（2）讲述红船在中国革命历史中的地位和象征意义。

（3）观看相关历史纪录片或短片，让学生初步了解当时的历史环境。

2. 江南丝网船：传统与现代的完美融合

了解江南丝网船的特点和制作工艺。江南丝网船不仅是一种交通工具，更是一种文化的象征。它承载着江南人民对美好生活的追求和向往。

3. 安全教育

强调模型制作过程中的安全注意事项。

（二）行中课

1. 教具清单

扩音器、美工刀、红船零件、研学手册、笔、颜料等。

2. 安全隐患点

（1）使用美工刀等锐器时的割伤风险。

在制作红船模型的过程中，学生们需要使用美工刀进行切割，若操作不当可能导致割伤。

（2）颜料等化学物质可能带来的健康风险。

在模型上色环节，学生需要接触颜料等化学物质，若不慎接触皮肤或误入口鼻，可能对学生的健康造成危害。

3. 研学活动设计

课程一：历史的触摸——红船历史与文化探索

研学地点：南湖景区		研学时长：40 分钟	
关键步骤	详细内容	学习方式	涉及学科
融入情景	故事融入：1964 年 4 月 5 日，江南烟雨朦胧，伴随着一声悠长的汽笛声，一列火车在途经嘉兴站时临时停车。步出车厢的，是 78 岁高龄的一大代表董必武和夫人何莲芝。董老兴致勃勃重游南湖，然后高兴地说："这只船，我回忆是造得对的，造得成功的。"获得董老"点赞"的这艘船，就是现在我们所看到的南湖红船。	讲授法、体验法	语文、历史
明确主题	瞻仰红船，探索红船的"秘密"。	讲授法	语文、历史
确认方案	聆听讲解员介绍"一大"与红船的故事。	讲授法、体验法、参观法	语文、历史、道德与法治
	参观 1∶1 红船内舱实景，置身其中，了解南湖的文化和历史。		
体验探究	围绕"红船精神"，组织学生开展团队实践活动，如小组讨论、角色扮演等，增强学生的团队协作能力和实践能力。	体验法	语文、历史、道德与法治

续表

关键步骤	详细内容	学习方式	涉及学科
展示成果	通过学生的参与度、表现和反馈，对课程进行评价。结合实践活动的成果，对学生的团队协作能力和实践能力进行评价。	体验法	语文、历史、道德与法治

课程二：革命的启蒙——红船模型制作体验

研学地点：南湖景区		研学时长：40 分钟	
关键步骤	详细内容	学习方式	涉及学科
融入情景	1. 视频导入：以一段引人入胜的引言开始，介绍红船画舫的历史、文化和重要性。可以播放一段简短的影像资料或展示一些图片，让学生对此有一个直观的认识。 2. 问题引导："你们知道红船的独特之处是什么吗？""你们想不想了解如何制作自己的红船模型？"	讲授法、提问法	语文、历史
明确主题	制作红船模型，了解其历史发展和重要性。	讲授法	语文、历史
确认方案	了解如何制作红船模型。	讲授法、演示法、体验法	语文、历史、美术
	设计船只外形和结构。		
	搭建红船模型，并涂色。		
体验探究	第一步：场馆工作人员讲解红船的历史以及对制作过程进行演示。 第二步：进行体验活动，每 5 人组成一个学习小组，分发材料包。	讲授法、演示法、体验法	语文、历史、美术
展示成果	小组讨论后，每组派代表分享制作模型心得，从特点与发展历史方面分享成果，并完成研学手册的填写。	讲授法、演示法、体验法	语文、历史、美术

六、"南湖画舫"研学课程评价设计

（1）评估学生对红色革命历史知识的掌握和理解程度，确保深入理解纪念品的历史文化。

（2）评估学生对红色文化的情感共鸣和价值认同，激发学生的爱国情感。

(3) 评估学生对纪念品及其历史背景的思考和分析能力，鼓励主动思考，提升批判性思维和独立分析能力。

(4) 评估学生将纪念品欣赏与实际制作相结合的能力，提供实践机会，培养创新思维和实践操作能力。

(5) 评估学生在团队协作和社交互动中的表现，设计多样化团队任务，促进有效合作与交流。

(6) 评估课程设计的科学性和合理性，考虑学生特点，确保系统、全面地掌握相关知识。

"南湖画舫"研学课程的研学评价表设计如下：

"南湖画舫"研学课程的研学评价表

评价项目	评价标准	自评	互评	导师评
红色革命历史知识的掌握和理解	能够准确讲述红船的历史背景、文化内涵及"红船精神"。			
对红色文化的情感共鸣和价值认同	表现出对红色文化的敬重，能够阐述"红船精神"对个人成长的启示。			
思考和分析能力	能够深入分析红船模型的历史背景，提出个人见解。			
创新思维和实践操作能力	在制作红船模型的过程中，能够发挥创意，独立完成模型制作。			
团队协作和社交互动能力	在团队活动中积极参与，与同伴进行有效沟通，共同完成任务。			
课堂参与度	在历史和文化探索及模型制作过程中，积极参与，表现活跃。			
模型制作成果	红船模型制作精美，结构准确，涂色均匀，体现历史原貌。			
研学手册填写情况	认真填写研学手册，记录学习心得和成果，条理清晰。			
总评	综合以上各项评价，给出总体评价。			

注：请在自评、互评和导师评相应位置填写评价等级，如优秀、良好、合格。

闯关训练

【思考与练习】

1. 如何将红色文化主题出版物与研学课程结合，更好地推广红色文化、促进文化传承？

2. 如何深入挖掘出版物中的红色文化元素，并将其融入研学课程中？

3. 如何根据出版物的故事情节、人物形象等元素，设计相应的研学课程内容和活动？

4. 如何将研学课程与学校德育工作、社会实践活动等相结合，通过组织学生参观革命遗址、开展红色文化主题活动等方式，使学生更深入地了解红色文化的内涵和意义，从而更好地传承和弘扬红色文化？

【能力训练】

实训主题	红色文化主题出版物研学课程设计方案提升综合实训	
实训目标	1. 深入了解红色文化及其相关出版物，提升学生对红色文化的认知和兴趣。 2. 掌握红色研学旅行课程设计的流程和方法，提高学生的专业能力。 3. 通过分工合作，培养学生的团队协作精神和沟通能力。 4. 通过实际操作，提高学生的项目管理能力和解决问题的能力。	
实训内容	1. 任务背景	延安市某学校预计于秋季学期前段（9—10 月）针对本校小学高年级与初中学段开展研学活动，目前正在广泛征集课程方案。在与校方就课程方案讨论时，校方提出了以下几点要求： ①考虑研学活动质量，每批次参与学生定为 2 个班级即 80 人，研学时长为 2 天（在外住宿）。 ②研学主题要求为历史类，重点想要学生了解红色文化主题的出版物，目前本校使用人教版教材。 ③校方希望研学成果中有可以被带回展示的内容。 ④校方可以接受合理增加教具的建议。
	2. 理论学习	组织学生阅读红色文化主题出版物，如《红岩》《红旗飘飘》等，了解红色文化的内涵和历史背景。同时，观看与红色文化相关的影视作品，如《建党伟业》等，加深学生对红色文化的理解。

续表

实训内容	3. 研学方案设计	要求学生根据所学的红色文化知识，结合自身兴趣和实际情况，设计一份一单元的研学旅行课程方案。方案应包括单元课程名称、研学目标、教学的重难点、安全隐患、活动流程提要（情境导入、确认方案、体验探究、成果展示、复盘评价、拓展延伸）等详细内容。
	4. 模拟实施	将学生分成若干小组，每个小组推选一名组长负责整个项目的实施和管理工作。各小组按照设计方案进行模拟实施，观察方案的可行性和实际效果。
	5. 分析与优化	模拟实施结束后，对整个过程进行总结分析，找出存在的问题和不足之处，提出改进措施。同时，针对实际效果对设计方案进行优化调整。
	6. 成果展示	每个小组将自己的研学设计方案进行展示，向其他小组和教师汇报实施过程和成果，分享经验和教训。
实训要求	1. 学生应在规定的时间内完成理论学习和研学方案设计，按时参加模拟实施、分析和优化环节。 2. 学生应以小组为单位进行讨论和分工合作，确保每个成员都参与到整个过程中。 3. 学生应积极思考、主动参与，提出自己的观点和建议，发挥自己的专业优势。 4. 教师应对学生的研学设计方案进行全程跟踪并指导，及时给予建议和反馈。	
实训评价	1. 按时完成：考查学生是否在规定的时间内完成各项任务，评价学生的时间管理和计划能力。 2. 小组合作：观察小组成员间的分工与合作情况，评价学生的团队协作能力和合作精神。 3. 积极参与：考查学生在整个实训过程中是否积极主动地参与各项活动，评价学生的主动性和投入程度。 4. 反馈与建议：鼓励学生提出自己的观点和建议，评价学生的思考能力和解决问题的能力。	

实训评价表

项目	标准	分值（分）	自评（20%）	互评（50%）	导师评（30%）	总评
研学课程方案理解和准备	对研学任务有清晰明确的理解，理解任务背景和要求。	10				
	能够积极参与到红色文化主题出版物的阅读和影视作品的观看中，理解深入、见解独到。	10				

续表

项目	标准	分值（分）	自评（20%）	互评（50%）	导师评（30%）	总评
研学课程方案设计	方案名称具有创意和吸引力。	15				
	研学目标明确。	15				
	教学重难点恰当，安全隐患考虑周全。	15				
	活动流程完整且合理。	15				
研学课程方案模拟实施	小组配合默契，能够积极参与讨论、分工协作、沟通协调。	10				
	成果展示清晰明了，能向其他小组和教师明确表达实施过程和成果。	10				

模块五

红色人文活动课程设计

学习目标

知识目标

1. 了解红色事件的含义、宣传和保护。
2. 了解红色旅游节、红色文化节的概念。
3. 掌握红色旅游节、红色文化节的特征。
4. 掌握红色旅游节、红色文化节的宣传与开发。

技能目标

能够通过“遵义会议纪念馆”研学课程设计掌握其他红色人文活动研学课程的开发和设计。

素养目标

通过学习红色人文活动，培养创新意识和爱国主义情感。

模块重点

1. 红色人文活动与研学的关系。

2. 设计其他红色人文活动的研学课程。

思维导图

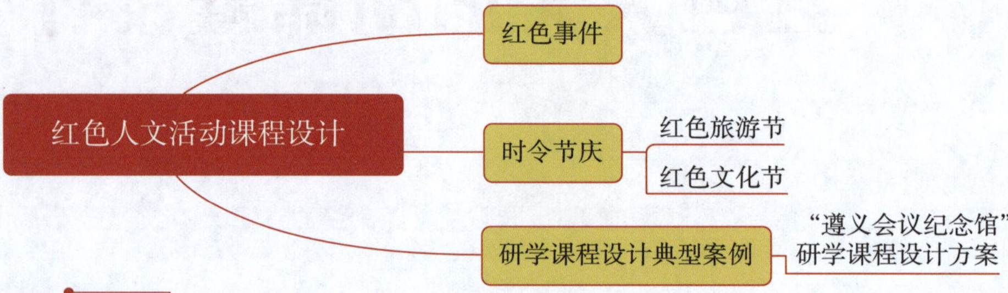

案例引入

2021 中国红色旅游博览会开幕！

2021 年 10 月 27 日中国红色旅游博览会在井冈山开幕。活动共有 4 大主题活动，10 个系列活动——这是一场全国红色资源的盛大集会和红色文创产品的集中展示；“圣地红博”“云上红博”“科技红博”“创意红博”——这是一次生动又极具深度的红色文化之旅；赣湘红色旅游推介会暨红色旅游助推乡村振兴高峰论坛——这是一场红色旅游产业高质量发展的“大智汇”。久有凌云志，重上井冈山。千里来寻故地，旧貌变新颜。我国红色旅游从井冈山开启全面快速发展的大潮。如今，在中国共产党成立 100 周年、在井冈山革命根据地创建 94 周年的历史时刻，在井冈山举办 2021 中国红色旅游博览会，意义非凡，掀起新一轮走红色道路、讲红色故事、品红色文化的时代热潮，为新时代红色旅游跨区域联动、高质量发展注入强劲动力。

【想一想】

1. 井冈山举办红色旅游博览会的意义是什么？

2. 红色旅游博览会对新时代红色旅游的发展有什么影响？

任务一 红色事件

一、红色事件的含义

红色事件特指在中国共产党领导的革命历史中发生的重大事件或者是与中国共产党历史紧密相连的事件。这些事件对中国共产党的发展和中国历史的进程产生了深远的影响。例如，“中共一大”、南昌起义、长征等都可以被称为红色事件。这些事件是中国共产党领导中国人民进行革命斗争的重要历史节点，体现了中国共产党的领导和中国人民的革命精神。

微课

红色事件的含义与现状

二、红色事件的宣传和保护

（一）宣传红色事件的历史意义

通过各种形式的宣传，如展览、纪录片、书籍、电影等，向公众传达红色事件的历史意义和影响，提高人们对红色事件的认知和理解。

（二）建立纪念设施和博物馆

建立与红色事件相关的纪念设施和博物馆，提供展示、教育和研究的场所。这些设施可以展示红色事件的历史背景、过程和成果，通过展品和多媒体展示等方式，使人们了解红色事件的过程和意义。

（三）开展教育培训活动

开展红色事件的教育培训活动，面向学校、社区、企事业单位等不同群体。通过讲座、研讨会、学术交流等形式，传递红色事件的知识和价值观，引导公众对红色事件的关注。

（四）保护红色事件相关遗址和文物

加强对红色事件相关遗址和文物的保护工作，维护其原貌和历史价值。这包括加强监管、修缮和保养工作，确保红色事件相关遗址和文物能够得到妥善保存和展示。

（五）加强研究和学术交流

鼓励学者、研究机构和学术界开展对红色事件的深入探讨和学术交流。通过思考挖掘，揭示红色事件的历史真相和影响，为红色事件的宣传和保护提供有力的学术支持。

（六）培养公众参与意识

通过开展红色事件的参观、讲解、互动活动等，培养公众的参与意识。

三、典型的红色事件

（一）南昌起义

南昌起义打响武装反抗国民党反动派的第一枪，标志着中国共产党独立领导革命战争、创建人民军队和武装夺取政权的开端。

（二）秋收起义

秋收起义第一次在武装斗争中公开打出中国共产党的旗帜，进一步在全国人民面前表明了中国共产党独立领导革命战争的决心。

（三）长征

从 1934 年 10 月至 1936 年 10 月，红军第一、第二、第四方面军和第二十五军进行了伟大的长征。中国共产党领导红军，以非凡的智慧和大无畏的英雄气概，战胜千难万险，付出巨大牺牲，胜利完成震撼世界、彪炳史册的长征，宣告了国民党反动派消灭中国共产党和红军的图谋彻底失败，宣告了中国共产党和红军肩负着民族希望胜利实现了北上抗日的战略转移，实现了中国共产党和中国革命事业从挫折走向胜利的伟大转折，开启了中国共产党为实现民族独立、人民解放而斗争的新的伟大进军。

（四）遵义会议

遵义会议是我们党历史上一个生死攸关的转折点。这次会议事实上确立了毛泽东同志在党中央和红军的领导地位，确立了以毛泽东同志为主要代表的马克思主义正确路线在党中央的领导地位，开始形成以毛泽东同志为核心的党的第一代中央领导集体，开启了党独立自主解决中国革命实际问题的新阶段，在最危急关头挽救了党、挽救了红军、挽救了中国革命。

四、红色事件与研学的关系

微课

红色事件与研学的关系

（一）两者的关系

1. 红色事件为研学活动提供丰富的研学资源

红色事件的历史书籍、文档、报告、照片、电影、音频等为研学活动的开展提供了资源。

2. 红色事件发生地成为研学活动的重要场所

红色事件发生地能够成为研学活动的重要场所。通过参观红色事件发生地，深入了解红色事件的历史背景、当时的社会环境以及事件的影响，有助于学生对历史事件的感性认知和理性思考。

3. 研学活动成为红色事件宣传的重要渠道

通过组织学生参观红色事件发生地、参观革命博物馆、举办专题讲座等形式，介绍红色事件的历史背景、意义和影响，利用多媒体手段进行记录和传播，扩大红色事件的教育影响力。

（二）红色事件研学课程开发的建议

微课

红色事件研学课程开发思路

1. 课程设计应包含完整的历史背景

课程应该包括红色事件发生的历史背景和政治、社会和文化环境等方面的内容，以及事件的起因、经过、结果和事件的影响。

2. 强调价值观教育

红色事件研学课程应该从历史事件的深远意义出发，强调价值观教育，培养学生社会责任感和民族自豪感。

3. 增强实践体验

课程设计要结合实地考察和体验活动，使学生感受红色事件发生地的历史氛围，增强对红色事件的直观认知和情感体验。

任务二　时令节庆

一、红色旅游节

（一）红色旅游节的含义

红色旅游节是指为了庆祝中国共产党成立、中国革命和建设的重要历史事件而设立的一种定期或不定期的红色旅游活动的特殊节日。红色旅游节旨在通过组织各种纪念活动和旅游体验，宣扬红色文化、传承红色精神，让人们更加深入地了解和感受中国革命的伟大历程和成就。

（二）红色旅游节现状

1. 红色旅游节举办的形式和意义

（1）红色旅游节举办的形式。

红色旅游节通常会选择与中国共产党和革命历史相关的重要地点作为主要纪念场所，如井冈山、延安、长征路线等。在这些地方，会举办各种形式的红色旅游活动，如纪念仪式、展览、演出、座谈会等，吸引游客和参与者前来参观、学习和纪念。

(2) 红色旅游节举办的意义。

红色旅游节的举办能够加强人们对中国革命历史的认知和理解，激发爱国热情。同时，红色旅游节也有助于推动红色旅游产业的发展，提升相关地区的经济、文化和社会发展水平。

红色旅游节的举办，不仅是为了纪念革命先烈和历史事件，更是为了弘扬爱国主义精神和革命精神，促进红色旅游产业的发展。在这个特殊的节日里，人们可以通过参观革命遗址、纪念馆、博物馆等方式，深入了解中国共产党的历史和革命历程，感受革命先烈的英勇事迹和革命精神。同时，红色旅游节还可以促进地方旅游产业的发展，提高当地的经济收入，为革命老区和红色旅游景点带来新的生机和活力。在红色旅游节期间，还可以举办各种文化活动和文艺演出，展示地方文化和艺术成果，为游客提供更加丰富多彩的旅游体验。

2. 红色旅游节的宣传和保护

(1) 红色旅游节的宣传。

可通过各种媒体渠道，如电视、广播、互联网等，宣传红色旅游节的重要性和意义，强调红色旅游节是为了纪念和庆祝中国共产党的伟大历程和成就，以及传承红色精神和弘扬爱国主义情怀。通过宣传增加人们对红色旅游节的认知度和参与度。

(2) 红色旅游节的保护。

在举办红色旅游节活动时，需要兼顾保护和发展的平衡，避免过度开发和商业化对景区的影响，注重保护红色旅游节的原汁原味和历史真实性。要加强对游客的教育和宣传工作，提高游客的历史文化素养，促进游客对红色旅游节的尊重和保护。对于红色旅游节的周边环境和配套设施，需要进行合理规划和管理，确保景区的周边环境整洁、安全和有序。

(三) 典型的红色旅游节

1. 湖南红色旅游文化节

湖南红色旅游文化节由湖南省文化和旅游厅、中共湖南省委党史研究院等相关部门以及举办地的市委、市政府等联合主办，截至 2024 年已成功举办多届，成为湖南文化旅游的知名品牌。湖南红色旅游文化节主体活动包括开幕式、红色旅游线路推介会、重大历史事件题材舞台剧演出等，配套活动涵盖红色文化采风、红色讲解员大赛、红色文创展、红军小学授牌授旗仪式、重走长征路等活动，活动形式多样、内容丰富。该旅游节的成功举办有利于传承红色基因，推动文旅融合，促进区域内文旅资源共享、产品互补、线路互联，推动湖南旅游业的发展。

2. 吉林红色旅游节

吉林红色旅游节是由吉林省文化和旅游厅（吉林省文物局）主办的活动，旨在宣传推介吉林红色旅游资源，推动红色旅游高质量发展；加强与兄弟省份、国内革命老区经验交流学习，促进吉林省红色旅游持续、快速、高质量发展。吉林红色旅游节主要活动有发布红色旅游融合线路，成立红色故事宣讲团等。该旅游节的成功举办有利于保护和传承红色文化，让更多人了解吉林的红色历史和革命精神；推动吉林旅游业的发展，为当地经济带来新的增长点；促进红色旅游与其他产业的融合发展，形成多业态融合的旅游模式。

3. 嘉兴红船文化旅游节

嘉兴红船文化旅游节由浙江省文化广电和旅游厅、中共嘉兴市委、嘉兴市人民政府主办，旅游节期间举办了红色旅游资源普查成果发布与展示、新时代“重走一大路”开游等多项活动。嘉兴红船文化旅游节不仅是一场红色文化的盛宴，更是推动嘉兴乃至长三角地区红色旅游发展的重要平台，通过一系列丰富多彩的活动，让人们在传承红色基因的同时，也享受到了文旅融合带来的独特魅力。

（四）红色旅游节与研学

1. 两者的关系

（1）红色旅游节为研学活动提供丰富的资源。

红色旅游节通常与革命历史、红色文化等密切相关，具备丰富的历史教育资源。红色旅游节的景点通常是历史事件的发生地，能够使人们更加深入地了解红色历史事件，加深对历史的理解和记忆。

（2）红色旅游节举办地成为研学活动实践场所。

红色旅游节举办地为研学活动提供实践活动场所，可通过参与志愿者活动、采访当地居民等方式，深入了解当地的红色文化。

（3）研学活动促使红色旅游节更加活跃。

研学活动可以增加红色旅游节参与者的数量，促进红色旅游节的创新和发展。

2. 红色旅游节研学课程开发的建议

（1）丰富活动内容。

设计丰富多样的研学活动，包括实地考察、讲座、展览参观、文献研究等，使学生通过亲身体验和深入研究，加深对红色旅游节的认识和理解。

（2）引入互动技术和媒体资源。

利用现代技术手段，如虚拟实境、多媒体互动等，增加学生对红色旅游节的参与度和兴趣，提供全方位的研学体验。

（3）科学评估与反馈。

设置明确的评估指标，对研学成果进行评估，并提供针对性的反馈，明确下一步研学目标。

二、红色文化节

（一）红色文化节的含义

红色文化节是专门用来为纪念和弘扬红色历史和文化而举办的展览、会议、演艺活动等定期或不定期的节日。在这个节日里，人们会通过各种方式来追溯和缅怀中国革命历史，传承红色精神。

（二）红色文化节现状

1. 红色文化节举办的形式和意义

（1）红色文化节开展的形式。

1）红色主题讲座：可以邀请历史学家、专家学者进行主题讲座，深入解读红色历史和文化。

2）红色电影、戏剧展播：通过播放红色主题的电影、戏剧，让人们更直观地了解历史事件。

3）红色历史实地考察：组织公众参观红色历史遗址，如井冈山、延安等地，亲身体验历史。

4）红色文化艺术展览：展示红色主题的书画、摄影、雕塑等艺术品，传播红色文化。

5）红色文化知识竞赛：通过知识竞赛的形式，激发公众学习红色文化的热情。

（2）红色文化节举办的意义。

1）传承红色基因：红色文化节是传承和弘扬中国共产党的革命精神和红色基因的重要途径。

2）增强民族凝聚力：红色文化节能够增强民族凝聚力。

3）提高历史文化素养：通过红色文化节，公众可以更深入地了解中国共产党的历史和文化，提高历史文化素养。

4）弘扬爱国主义精神：红色文化节可以通过各种形式传播爱国主义精神，激发公众的爱国情怀。

2. 红色文化节的宣传和保护

（1）红色文化节的宣传。

1）媒体宣传：通过广播、电视、报纸、网络等媒体渠道，广泛宣传红色文化节的举办时间、地点、主题和活动内容，提高人们对红色文化节的关注度和参与度。

2）社交媒体推广：利用微博、微信、抖音等社交媒体平台，通过发布相关内容、短视频、图片等形式，扩大红色文化节的影响力，吸引更多人参与和了解。

3）宣传材料制作：制作宣传册、海报、宣传片等宣传材料，以生动的形象和引人入胜的故事展示红色文化节的特色和意义，吸引更多人关注和参与。

（2）红色文化节的保护。

1）文物保护：加强对红色文化相关的文物、遗址、纪念建筑等的保护和修复工作，确保其完整性和可持续性。

2）法律保护：制定和完善相关法律法规，加强对红色文化节的保护和管理，禁止破坏和侵犯红色文化的行为。

3）教育培训：加强对相关从业人员的培训，提高他们对红色文化的认知和保护意识，确保红色文化的传承和发展。

4）社会参与：鼓励社会各界组织和个人参与红色文化节的保护工作，形成全社会共同关注和保护红色文化的良好氛围。

5）景区管理：加强对红色文化景区的管理和监督，保持景区环境的整洁和秩序，为参观者提供良好的服务和体验，吸引更多游客参观和了解红色文化。

（三）典型的红色文化节

1. 红色歌曲节

红色歌曲节是一个在全国各地举行的音乐活动，主要以唱响红色歌曲、传承红色文化为主题。在这个节日里，会举行大型红色歌曲演唱会、红色歌曲创作比赛、红色音乐学术研讨会等活动，以此来弘扬红色精神，传播红色文化。

2. 红色电影节

举办红色电影节时，播放和讨论描绘中国共产党领导人民进行的革命、建设、改革的伟大历程的电影。电影节中会放映一些经典的红色电影，同时也可能会举办电影研讨会、电影创作比赛等活动，以此来让更多的人了解和记住伟大的历史。

（四）红色文化节与研学

1. 两者的关系

（1）红色文化节为研学活动提供了丰富的资源。

红色文化节通常与革命历史、红色文化等密切相关，具有丰富的历史教育资源。红色文化节开展的活动通常也与城市历史文化息息相关，有助于学生了解红色历史事件，加深对城市历史文化的理解和记忆。

（2）红色文化节举办地是研学活动的实践场所。

红色文化节举办地通常可以为研学活动提供实践场所，专业人士可以在此开展调研、访谈和体验活动等。

（3）研学活动助推红色文化节顺利开展。

研学活动可以增加红色文化节参与者的数量，促进红色文化节的创新和发展。

2. 红色文化节研学课程开发的建议

（1）丰富活动内容。

设计丰富多样的研学活动，包括实地考察、讲座、展览参观、文献研究等，使学生通过亲身体验和深入研究，加深对红色文化的认识和理解。

（2）引入互动技术和多媒体资源。

利用现代技术手段，如虚拟实境、多媒体互动等，增加学生的参与度和兴趣，提供全方位的研学体验。

（3）科学评估与反馈。

设置明确的评估指标，对研学成果进行评估，并提供针对性的反馈，明确下一步研学目标。

任务三 研学课程设计典型案例

“遵义会议纪念馆”研学课程设计方案

本任务以“遵义会议纪念馆”研学课程设计为例。遵义会议会址纪念馆位于贵州省遵义市，为纪念遵义会议而建立的，是中华人民共和国成立后最早建立的21个革命纪念馆之一，于1955年10月开放。遵义会议纪念馆由遵义会议会址等十一个纪念场馆组成。1964年11月，毛泽东主席为纪念馆题写了“遵义会议会址”六个大字。

遵义会议纪念馆为国家文物局首批国家一级博物馆，第一批“全国中小学生研学实践教育基地”。根据红色人文活动研学课程开发的建议，本任务设计了“历史的转折：遵义会议的力量”研学课程，面向群体为小学四五年级学生。

一、“遵义会议纪念馆”研学课程设计思路

“遵义会议纪念馆”研学课程的设计理念是将遵义会议作为主线，通过参观遵义会议会址和相关展品，运用前沿展示技术如多媒体、人工智能、增强现实、沉浸式互动体验等现代声光电先进技术，让学生深入了解遵义会议对中国共产党历史和革命文化的深远影响。课程以弘扬伟大建党精神、讲述遵义会议背后的故事为核心，通过让红色资源“活”起来，让红色教育“实”起来，让红色文化有效融入学生思想政治教育工作，激发学生的感恩之情，提升他们的爱国情怀和创新能力。该课程旨在让学生深刻理解重要红色事件对幸福之路的重要意义，传承革

命精神，坚定理想信念，培育担当精神，为实现中华民族伟大复兴的中国梦贡献力量。

二、“遵义会议纪念馆”研学课程目标设计

“遵义会议纪念馆”研学课程的设计目标以全面提升学生的知识储备、能力发展和综合素养为核心，通过多维度的教学与实践，引导学生深入了解革命历史，感受红色文化的深刻内涵。研学课程帮助学生了解遵义会议的背景、召开过程及其重要决策，认识这一历史转折点在中国革命道路中的深远意义。通过参观遵义会议纪念馆，学生将深入了解相关文物与先烈故事，体会革命先辈在困境中做出的卓越贡献，感悟他们的坚韧意志和崇高精神。通过多样化的学习方式，能够提升学生快速学习与知识运用的能力。

学生将在纪念馆参观过程中完成研学手册的填写，通过动手实践巩固所学知识。同时，借助多媒体、人工智能和增强现实技术，让学生与革命先烈“跨时空对话”，从而培养他们的思考能力和历史分析能力。通过试讲遵义会议的历史故事和再现会议场景，学生将锻炼自己的表达能力、灵活应变能力和红色文化传播能力。通过接触红色革命历史，帮助学生建立深厚的历史认知和文化认同感。参观与实践中，学生不仅加深了对中华文化丰富性的理解，也增强了对保护和弘扬国家历史文化的责任感。通过感悟革命精神，他们将更加坚定自己的理想信念，激发对祖国的热爱，树立为国家和社会贡献青春与热血的远大志向。

三、“遵义会议纪念馆”研学课程内容设计

本研学课程具体包括两个内容：“遵义会议——共商大计，致红色转折”和“红色转折——砺志荆棘，共同筑梦”。活动内容的编排遵循由浅入深、循序渐进的原则，旨在让学生在参与中体验，在体验中感悟，在感悟中成长。

“遵义会议——共商大计，致红色转折”部分，将通过讲解、参观、体验等形式，引导学生深入了解遵义会议的背景和意义，探索会议的流程，领略伟人的智慧，感受那份历史沉淀的厚重。

“红色转折——砺志荆棘，共同筑梦”部分，则通过提问、体验、演示和互动活动，如模拟遵义会议的角色扮演、填空游戏或讨论小组之间的问题互换等，加深

对遵义会议的理解和记忆，了解遵义会议召开背景和深远影响。两部分内容相互补充，共同构成了本课程的核心内容。

四、“遵义会议纪念馆”研学课程组织形式

本课程的核心在于通过实践活动来学习，注重将知识与互动体验相结合。课程的组织方式多样，涵盖了理论讲解、现场学习、小组交流和互动演示等环节，目的是让学生能够全面地认识和理解遵义会议召开的历史背景及深远意义。

五、“遵义会议纪念馆”研学课程实施设计

（一）行前课

1. 遵义会议召开的背景

（1）讲述遵义会议召开的背景。

（2）介绍遵义会议召开的历史意义。

（3）用思维导图总结遵义会议的历史背景。

2. 遵义会议纪念馆

（1）明确遵义会议在党和红军历史上的转折性意义，认识到它对中国革命发展的深远影响。

（2）初步了解遵义会议纪念馆的基本布局和展品内容，特别是重要文物（如会议桌、红军文献等）的历史价值和背后故事。

3. 安全教育

强调遵义会议纪念馆参观过程中的安全注意事项。

（二）行中课

1. 教具清单

扩音器、问答纸、研学手册、笔等。

2. 安全隐患点

（1）在参观遵义会议纪念馆的过程中，部分区域可能存在楼梯或台阶。如果学生未注意脚下或追逐打闹，可能导致摔倒或受伤。

（2）纪念馆内的部分展品可能放置在玻璃展柜中或独立展示架上，学生若走动不慎或靠近观察时用力过猛，可能导致碰撞受伤或损坏展品。

（3）纪念馆通常接待大量参观者，若学生未能紧跟队伍或在自由活动时离队，可能出现走失情况。

（4）部分展品可能对参观者进行触碰开放，但展品表面可能含有锋利边缘或未经处理的材质，学生随意触摸可能导致划伤或刺激皮肤。

3. 研学活动设计

课程一：遵义会议——共商大计，致红色转折

研学地点：遵义会议纪念馆		研学时长：60 分钟	
关键步骤	详细内容	学习方式	涉及学科
融入情景	故事融入：1935 年 1 月在遵义召开的中共中央政治局扩大会议，明确回答了红军的战略战术方面的是非问题，独立自主地解决了党内所面临的最迫切的组织问题和军事问题，结束了“左”倾教条主义错误在中央的统治，事实上确立了毛泽东同志在党中央和红军的领导地位。从此，中国共产党在以毛泽东为主要代表的马克思主义正确路线指导下，克服重重困难，一步步引导中国革命走向胜利。	讲授法、体验法	语文、历史
明确主题	参观遵义会议纪念馆展品，了解展品文物故事与先烈故事，在实践中致敬先烈。	讲授法	语文、历史
确认方案	聆听会址展品的讲解与现场教学。 参观 1∶1 馆内展品，讲解文物背后的故事。 学生组队模拟当时开会的场景，再现当年开会的情景。	讲授法、体验法、参观法	语文、历史、道德
体验探究	团队实践活动：围绕遵义会议的历史意义，利用前沿技术，让学生身临其境感受到遵义会议召开的背景，与先烈进行跨时空的对话，增强学生的团队协作能力和实践能力。	体验法	语文、历史、道德
展示成果	通过学生的参与度、表现和反馈，对课程进行评价。结合实践活动的成果，对学生的团队协作能力和实践能力进行评价。	体验法	语文、历史、道德

课程二：红色转折——砺志荆棘，共同筑梦

研学地点：遵义会议纪念馆		研学时长：60 分钟	
关键步骤	详细内容	学习方式	涉及学科
融入情景	提问导入：“遵义会议是什么时候召开的？”“为什么要召开这个会议？”“会议有什么重要决策？”“会议对中国革命有什么意义？”	讲授法、提问法	语文、历史

续表

关键步骤	详细内容	学习方式	涉及学科
明确主题	了解遵义会议的意义，讨论遵义会议对后续中国革命的影响。	讲授法	语文、历史
确认方案	主讲老师通过生动的语言和形象的例子，向学生介绍遵义会议的背景、目的和重要意义，帮助他们理解遵义会议在中国革命历史上的地位和作用。	讲授法、演示法、体验法	语文、历史、美术
	分组讨论遵义会议对后续中国革命的具体影响，如政治、军事、战略等方面。		
	主题演讲，介绍小组的讨论成果和观点。		
	设计互动活动，加深学生对遵义会议的印象。		
体验探究	第一步：研学指导师设计互动活动，模拟遵义会议的角色扮演，进行填空游戏或互动提问等。 第二步：每 5 人组成一个学习小组，参与活动。	讲授法、演示法、体验法	语文、历史
展示成果	小组讨论后，每组派代表分享研学心得，从会议作用和历史影响等方面分享成果，并完成研学手册的填写。	讲授法、演示法、体验法	语文、历史、美术

六、“遵义会议纪念馆”研学课程评价设计

（1）评估学生对遵义会议相关历史的学习成果，特别是对会议的背景、过程、决策及其历史地位等核心内容的掌握情况，确保学生能够清晰、准确地表达相关历史知识，理解遵义会议在中国革命史上的重大意义。

（2）通过研学活动，评估学生对红色文化的情感共鸣和价值认同。通过深入感悟遵义会议的历史背景与革命历程，激发学生的爱国主义情感，培养学生对红色文化的尊重与传承意识。

（3）评估学生对遵义会议相关历史背景的思考与分析能力。通过互动讨论与小组合作，鼓励学生主动思考，理解会议决策对中国革命及红军战略转折的深远影响。

（4）鼓励学生将遵义会议的历史背景与现实问题相结合，提升批判性思维和独立分析能力，引导学生理解历史事件对现实社会的启示与影响。

（5）通过提供实践活动，评估学生将历史文化内涵与现实生活结合的能力。学生将在模拟演讲、历史情景剧等实践环节中，深入挖掘遵义会议的文化意义，并通

过创新思维和实践操作表达自己的理解，从而培养其创新能力与实践能力。

（6）通过小组讨论、共同完成任务等活动，培养学生在团队协作中的有效沟通与社交互动，提升集体协作意识。

“遵义会议纪念馆”研学课程的研学评价表设计如下：

“遵义会议纪念馆”研学课程的研学评价表

评价项目	评价标准	自评	互评	导师评
遵义会议的历史背景与现实意义	能够完整说出遵义会议发生的时间、背景与参会人员。			
长征精神的内涵	能够准确描述长征精神的内涵，并结合自身认识表达感受。			
遵义会议的影响与意义	能够分析遵义会议的影响与意义，能够关联遵义会议与长征精神。			
红色文化的情感共鸣与价值认同	通过参观纪念馆和学习相关资料，能够深刻感受到红色文化的内涵，并能表达自己对红色历史的情感共鸣与价值认同。			
思考和分析能力	能对遵义会议的历史及红色文化提出个人见解，并与现实生活联系，能深入分析历史事件的社会意义与现实启示。			
创新思维与实践操作能力	能将遵义会议的历史文化内涵与现实生活结合，提出具有创意的观点并通过实践活动进行表达，如通过参与情景再现或故事讲解等形式展示理解。			
课程设计的科学性和合理性	课程内容丰富，结构清晰，符合学生特点，有助于学生系统、全面地掌握遵义会议的相关知识，并能结合当代背景加深对历史的理解。			
课堂参与度	在历史与文化探索过程中，积极参与讨论，提出有价值的问题，并展现出对历史事件的深度理解与兴趣。			
实践活动成果	在参与模拟会议、历史情景剧等实践活动时，能够准确展现历史背景，深入理解角色并展示出良好的表达与演绎能力。			

续表

评价项目	评价标准	自评	互评	导师评
研学手册填写情况	认真填写研学手册，记录学习心得和成果，条理清晰，能突出个人思考和感悟。			
总评	综合以上各项评价，给出总体评价。			

注：请在自评、互评和导师评相应位置填写评价等级，如优秀、良好、合格。

闯关训练

【思考与练习】

1. 举例说明红色旅游节在当代社会的意义和价值。
2. 红色文化节与研学活动相结合的意义和作用是什么？
3. 红色歌曲对于传承红色基因和红色文化有何作用？举例说明。
4. 如何有效地利用红色电影来传承和弘扬中国共产党的革命精神？
5. 在策划和组织红色文化节的活动时需要注意哪些问题？请提出你的建议。

【能力训练】

实训主题	红色事件类研学课程设计方案提升综合实训
实训目标	1. 知识目标 （1）熟悉红色事件的历史背景、过程和影响。 （2）掌握研学课程设计的基本原理和方法。 2. 能力目标 （1）能够选择合适的红色事件研学资源。 （2）具备设计研学课程的能力，包括确定课程主题、目标、内容、行程安排等。 （3）培养学生的组织协调能力、沟通能力和团队协作能力。 3. 情感目标 （1）激发学生的爱国热情和民族自豪感。 （2）培养学生的社会责任感和历史使命感。

续表

实训内容	设计一份以“红色事件”为主题的研学课程方案，具体包括： （1）课程主题：撰写一个围绕主题的研学课程名称。 （2）课程目标：从三维融合的角度设计目标。 （3）课程对象：明确适合的年龄段或学习群体，如小学生、中学生等。 （4）课程地点：选择与红色事件密切相关的历史遗迹、纪念馆或现代纪念场所等作为研学地点。 （5）课程内容与活动安排：围绕“红色事件”进行合理的研学内容设计。 （6）教学方法：结合讲授法、讨论法、体验式学习等多种教学方法，提高学生的参与度和兴趣。 （7）评估方式：设计合理的评估标准，包括过程性评价（如参与度、团队协作情况）和结果性评价（如成果展示质量、心得体会深度）。
实训要求及成果	1. 实训要求 （1）主题鲜明，内容丰富，符合红色事件研学的特点。 （2）结构完整，逻辑清晰，包含课程设计的各个环节。 （3）注重实践性与创新性，鼓励采用多样化的教学方法与活动形式。 （4）充分考虑安全性与可行性，确保研学的顺利进行。 （5）提交形式：以小组为单位，提交电子版的课程设计方案（包括 PPT 演示文稿和详细的文字说明）。 2. 实训成果 提交最终成果：提交修改后的课程设计方案作为实训成果。

实训评价表

项目	标准	分值（分）	自评（20%）	互评（50%）	导师评（30%）	总评
内容完整性	课程设计方案是否包含所有要求的环节，内容是否丰富、翔实。	30				
逻辑清晰度	方案结构是否合理，逻辑是否清晰，条理是否分明。	20				
实践性与创新性	教学方法是否多样且实用，活动设计是否具有创新性，能否有效提升学生的学习兴趣与参与度。	30				

续表

项目	标准	分值（分）	自评（20%）	互评（50%）	导师评（30%）	总评
安全性与可行性	方案中是否充分考虑了安全性与可行性，如场地选择、交通安排、应急措施等。	10				
展示与表达	PPT 展示是否清晰、美观，讲解是否流畅、有条理，能否准确传达设计意图。	10				

参考文献

[1] 杜向民，郗波，王立洲. 高校红色文化教育传承研究 [M]. 北京：中国社会科学出版社，2021.

[2] 王炳林，张泰城. 高校红色文化资源育人发展报告 2018 [M]. 北京：人民出版社，2020.

[3] 崔勇前，崔润宇. 红色研学旅行活动的设计与实施：以“井冈山红色研学旅行活动”为例 [J]. 中学地理教学参考，2021 (22).

[4] 宋河有. 红色文化旅游符号培育：基因挖掘、氛围营造与产业带动 [J]. 理论月刊，2022 (11).

[5] 付璐. 文化强国视域下红色旅游的高质量发展 [J]. 社会科学家，2022 (8).

[6] 郭家玉. 整合红色资源，推动文旅融合，弘扬红色文化：深入推进长三角红色文化旅游一体化发展 [J]. 上海鲁迅研究，2024 (3).

[7] 郭艳萍. 文化旅游视域下红色旅游文化资源开发策略 [J]. 建筑科学，2022，38 (3).

[8] 李婷，韩建民，李金城. 弘扬中华优秀传统文化背景下红色文化主题出版的创新路径 [J]. 出版广角，2024 (20).

[9] 刘欢欢，林琼，蔡钰萍，等. 红色资源融入高校思想政治教育的时代内蕴与路径探析 [J]. 江苏高教，2024 (10).

[10] 刘强勋，刘宇杰，卜爱丽. 红色文化资源融入铸牢中华民族共同体意识教育路径研究 [J]. 广西民族研究，2022 (6).

[11] 刘琨. 红色文化的经济价值和品牌效益研究 [J]. 人民论坛，2012 (5).

[12] 罗成翼. 以红色资源“活教材”打造立德树人“强磁场”[J]. 红旗文稿，2024，(7).

[13] 欧阳雪梅."让红色基因代代相传":深入学习领会习近平关于传承红色基因的重要论述 [J]. 党的文献,2024 (1).

[14] 渠长根,施佳慧. 中国共产党红色文化资源的历史变迁与时代价值:以红色人物命名的行政区划为例 [J]. 教学与研究,2024 (11).

[15] 万伦来,邢丹妮,汪雨佳. 长三角红色文化资源开发对城乡差距的纾解效应:来自长三角地区 25 个革命老区县域数据的经验证据 [J]. 华东经济管理,2024,38 (12).

[16] 谢爱良,刘佳. 中国红色旅游研究特征与趋势研究:基于科学知识图谱视角 [J]. 资源开发与市场,2020,36 (5).

[17] 辛一凡. 红色革命文化遗址的保护与利用 [J]. 中学政治教学参考,2022 (33).

[18] 袁志玲. 核心素养视角下红色研学旅行活动的设计与实施 [J]. 中学地理教学参考,2021 (22).

[19] 杨希. 乡村旅游与红色思政教育 [J]. 中国果树,2021 (4).

[20] 杨晓慧,陈奕通. 南京地区博物馆红色文化研学课程设计与实施探究 [J]. 中国博物馆,2024 (3).

[21] 杨明宇. 红色文化与革命文化的学理思考 [J]. 思想理论教育导刊,2024 (10).

[22] 朱鹏翔. 红色文化资源数字化保护与乡村振兴融合策略 [J]. 农业产业化,2024 (11).

[23] 朱虹,宋丹丹. 红色文化与旅游融合发展的实现路径 [J]. 旅游学刊,2023,38 (1).

[24] 朱连成,王建恩. 充分利用区域资源践行红色教育 [J]. 人民教育,2019 (Z3).

[25] 刘建平,刘向阳. 区域红色文化遗产资源整合开发探析 [J]. 湘潭大学学报(哲学社会科学版),2006 (5).

[26] 张琳. 红色文化涵育新时代好青年的显著优势、内在机理与实践路径 [J]. 湖南科技大学学报(社会科学版),2023,26 (6).

[27] 尤文梦. 中国共产党革命文化的逻辑进路与精神图谱 [J]. 河北大学学报(哲学社会科学版),2023,48 (4).

[28] 杨瑷宁. 我国红色文化教育资源开发利用的现状与对策 [J]. 山西财经大学学报,2022,44 (S2).

[29] 徐松岩，宁宇. 红色文化研学与青年人铸牢中华民族共同体意识教育研究 [J]. 大连大学学报，2024，45（6）.

[30] 杨凤城，刘倩. 红色文化研究的源起、进程与前瞻 [J]. 郑州大学学报（哲学社会科学版），2024，57（5）.